Sigrid-Maria Größing

Sisi – eine moderne Frau

Für meine Enkelin Sophie-Elisabeth

Die Deutsche Bibliothek – CIP Einheitsaufnahme
Sigrid-Maria Größing
Sisi – eine moderne Frau
Wien: Molden Verlag 2007
ISBN 978-3-85485-212-4

© 2007 by Molden Verlag GmbH & Co KEG, Wien
www.molden.at

Umschlaggestaltung: Emanuel Mauthe
Lektorat: Marion Mauthe
Herstellung: Alex Schuppich
Druck: Theiss GmbH, St. Stefan

ISBN 978-3-85485-212-4

Sigrid-Maria Größing

Sisi – eine moderne Frau

Molden Verlag

Inhalt

Vorwort

Ganz selten findet man in der Weltgeschichte Persönlichkeiten, die eine ähnliche Berühmtheit erlangt haben, wie Elisabeth, die Gemahlin des österreichischen Kaisers Franz Joseph. Aus einer Nebenlinie der Wittelsbacher stammend, war sie auf Grund ihrer Herkunft und auch ihrer Erziehung keineswegs prädestiniert, Kaiserin zu werden in einer Zeit, die für die Existenz der Habsburger als Herrscher einer Großmacht entscheidend war. Obwohl Kaiserin Elisabeth in ihrer politischen Einstellung alles andere als Monarchistin war, gelang es ihr, den Ausgleich mit Ungarn herbeizuführen, der nach den Ereignissen des Jahres 1848 beinahe aussichtslos schien. Sie wurde von den Ungarn zur Königin gekrönt, ein Höhepunkt in ihrem Leben.

Am Wiener Kaiserhof und von ihrem Mann unverstanden, zog sich Sisi, wie sie in ihrer Familie genannt wurde, immer mehr aus der Öffentlichkeit zurück, die sie ein Leben lang zu meiden suchte. Sie erkannte nicht ihre Rolle als Kaiserin an der Seite ihres Gemahls, die sie als Repräsentantin der Monarchie einnehmen sollte. Elisabeth war weder ihren Untertanen eine gute Kaiserin, noch ihrem Gemahl eine verständnisvolle Ehefrau und schon gar nicht ihren Kindern eine treu sorgende Mutter. So hatte sie zu ihren beiden älteren Kindern Gisela und Rudolf überhaupt keine innere Beziehung, lediglich die jüngste Tochter verwöhnte sie in übertriebener Weise.

Was macht nun dennoch den Zauber ihrer Persönlichkeit aus?

Elisabeth war schon zu Lebzeiten zur Legende geworden, da sie sich in einen Mantel des Geheimnisvollen hüllte: Es gab in der Monarchie zwar eine Kaiserin, die aber kaum jemand zu Gesicht bekam. Ihre Schönheit war jahrelang Tagesgespräch, und jeder, der mit ihr in persönlichen Kontakt kam, war von ihrem Charme und ihrer Liebenswürdigkeit hingerissen. Aber es war nur wenigen vergönnt, diese faszinierende Frau kennen zu lernen, von der man allenthalben sprach. Als sie in Genf ermordet wurde, trauerte man um einen Menschen, der für viele Zeitgenossen schon lange nicht mehr existent war. Das Geheimnis ihres wahren Wesens, verbunden mit ihrer Schönheit und dem gewaltsamen Tod machte sie zum Mythos. Sie war eine Frau, die in Lebensweise und Gedankenwelt ihrer Zeit um Jahrzehnte voraus war. Sie hätte die Zukunft in vielerlei Hinsicht beeinflussen können, wenn sie ihre Aufgabe, die ihr das Schicksal auferlegt hatte, erfüllt hätte.

Sigrid-Maria Größing   *Großgmain, im August 2007*

Nicht zur Kaiserin geboren

Elisabeth Amalie Eugenie Herzogin in Bayern

Es war keine harmonische Familie, der Elisabeth Amalie Eugenie, genannt Lisi, später auch Sisi, entstammte, denn die Eltern führten alles andere als eine ideale Ehe. Dazu waren die Voraussetzungen von vornherein nicht günstig gewesen, da Mutter Ludovika unsterblich in Miguel, den späteren König von Portugal, verliebt gewesen war und auch Herzog Max in Bayern längst eine andere Herzensdame auserkoren hatte. Aber für den bayerischen König Maximilian I. Joseph kam ein landloser Mann – und das war Miguel zu dieser Zeit – niemals für seine schöne Tochter Ludovika in Frage.

Auch die Eltern von Max in Bayern hatten andere Pläne für ihren leichtlebigen Sohn. Die Entscheidung der jeweiligen Familien war schicksalhaft für die beiden jungen Leute: Die Ehe von Ludovika und Max wurde über die Köpfe der Betroffenen beschlossen, und was die Eltern in der damaligen Zeit für richtig befanden, war absolut unwiderruflich. Dabei hatte man sich keine Gedanken darüber gemacht, dass zwei charakterlich so verschiedene Menschen durch das Band der Ehe ein Leben lang miteinander unglücklich sein würden.

Schon die Hochzeit stand unter keinem guten Stern. Nicht nur der bayerischen Königsfamilie war bekannt, dass Ludovika den ihr zugedachten Bräutigam abgrund-

tief ablehnte. Die Antipathien beruhten auf Gegenseitig-
keit, auch Herzog Max musste beinah mit Gewalt zum Altar geschleppt werden. Aber gegen die Anordnungen der
Familien waren die jungen Leute machtlos. Daher war es
nicht verwunderlich, dass es bereits in der Hochzeitsnacht
nicht nur zu heftigen Disputen zwischen den jungen Eheleuten gekommen war, sondern auch zu Handgreiflichkei-
ten, sodass Ludovika sich nicht anders zu helfen wusste,
als den zudringlichen frisch gebackenen Ehemann in einen Schrank zu sperren. Viele Jahre später berichtete die
Kaiserin ihrer Nichte Marie Larisch von diesen Vorfällen,
zu einem Zeitpunkt, als sich die Kaiserin schon intensiv
mit dem Spiritismus beschäftigte und darin bereits ein böses Omen für ihr eigenes Schicksal sah.

Obwohl sich die Eheleute kaum etwas zu sagen hatten,
entsprossen der Ehe fünf Töchter und drei Söhne, auf die
der Herzog und die Herzogin stolz sein konnten, denn es
waren ausnehmend schöne Kinder, die zu wohlgestalte-
ten jungen Leuten heranwuchsen. Dabei galt die am 24.
Dezember 1837 geborene Sisi lange Jahre als schönste
Frau Europas, wenngleich ihr die anderen Schwestern,
wären sie so wie die Kaiserin im Mittelpunkt des internationalen Interesses gestanden, den Rang hätten streitig
machen können. Die schönste in der Familie war zweifelsohne die Mutter Ludovika, sodass Herzog Max wenig
Grund für seine zahlreichen Seitensprünge gehabt hätte –
wenn er sich mit seiner Ehefrau besser verstanden hätte.
So aber suchte er sein Vergnügen meist außer Haus, wobei
es ihm nicht schwer fiel, jederzeit eine Frau zu erobern,

der Herzog war ein charmanter, leutseliger Mann, der Weib und Gesang liebte, aber sicherlich auch einem guten Glas Wein oder einer frischen Maß Bier nicht abgeneigt war. Im Kreise seiner Freunde, die er in einer Tafelrunde zusammengefasst hatte, fühlte er sich rundum wohl, hier hatte er aufmerksame Zuhörer, wenn er in seiner launigen Art von seinen ausgedehnten Reisen erzählte, die ihn rund ums Mittelmeer geführt hatten und auf denen er so manches Abenteuer erleben konnte. Zwischendurch wurde dann zu den Klängen der Zither gesungen, die in die bayerischen Berge wie kein anderes Instrument passt. Daher wurde nicht nur so mancher Zithervirtuose in die Tafelrunde eingeladen, auch der Herzog spielte dieses Instrument hervorragend, für das er sogar selbst einige Kompositionen verfasst hatte.

Max war ein musisch begabter Mann, der nicht nur komponierte, sondern auch einige Theaterstücke und Novellen unter dem Pseudonym »Phantasus« geschrieben hatte, von denen später das eine oder andere Volksstück vor dem Kaiser aufgeführt wurde. So berichtete Franz Joseph in einem Brief an seine Mutter: »Gestern wurde das hübsche Stück des Schwiegerpapas gegeben.«[1] Da Herzog Max über genügend finanzielle Mittel verfügte und keine besonderen Aufgaben im politischen Leben des bayerischen Königreiches wahrnehmen musste, konnte er es sich leisten, sein Leben so zu gestalten, wie es ihm beliebte. Dabei nahm er keine Rücksicht auf seine sich stets vergrößernde Familie, von der er sich in keiner Weise vereinnahmen ließ. Als echter Bonvivant kam und

10

ging er je nach Lust und Laune und sah seine Rolle als Vater im Münchner Stadtpalais oder in Possenhofen darin, ein Gegengewicht zu seiner Ehefrau zu bilden, die für seine Begriffe die Kinder viel zu stark an die Kandare nahm. Er wollte seine Söhne und Töchter nach Herzenslust verwöhnen und mit ihnen die verrücktesten Dinge unternehmen. Um den Ernst des Alltags kümmerte sich ohnedies seine Frau. Ludovika war gleichsam die Wochen-

Schloss Possenhofen, Gouache aus einem Album
im Besitz Elisabeths

tagsmutter und Herzog Maximilian der Sonntagsvater. Da es aber im Jahresverlauf wesentlich weniger Sonntage gibt, war die Mutter trotz einer gewissen Strenge, die sie für angebracht hielt, die zentrale Figur für die Kinder, vor allem im späteren Leben, als das Schicksal der Söhne und Töchter weit auseinander driftete.

Wie in allen Familien spiegelten sich in den Kindern die Charaktere der Eltern wider, wobei die älteste Tochter

11

Helene genauso wie Bruder Carl Theodor in ihrer ernsten, pflichtbewussten Art wahrscheinlich mehr nach der Mutter gerieten, während das unruhige Blut des Vaters in den Adern von Sisi und ihrer Schwester Marie Sophie pulsierte. Viele Eigenschaften, die bei Elisabeth nach etlichen Jahren als Kaiserin zum Durchbruch kamen – wie die Neigung zum Dichten, der Hang zum Unkonventionellen oder ihre Reiselust – hatten ihre Wurzeln im väterlichen Erbe. Trotz dieser für eine Kaiserin im 19. Jahrhundert seltsamen Vorlieben hätte Elisabeth eine volkstümliche Monarchin werden können, hätte sie einen wesentlichen Charakterzug ihres Vaters geerbt: seine Leutseligkeit. Herzog Max hatte die Fähigkeit, auf die Menschen zuzugehen, sie anzusprechen und mit dem einfachsten Mann auf der Straße ohne Rücksicht auf Standesschranken ein Gespräch zu führen. Aber diese Eigenschaft fehlte seiner Tochter Elisabeth ganz und gar. So unbeschwert sie in ihrer Jugendlichkeit auf Franz Joseph in Ischl gewirkt hatte, so sehr veränderte sie sich in kürzester Zeit am Wiener Hof. Bei ihrer Heirat im April 1854 war sie 16 Jahre alt, eine Jugendliche, die ohne jegliche Vorbereitung auf den Thron eines bedeutenden Reiches gesetzt wurde. Wer hätte sie auch auf ihre Rolle als Kaiserin vorbereiten sollen?

Sie hatte im Kreise ihrer Geschwister trotz der gegensätzlichen Standpunkte der Eltern eine relativ unbeschwerte Kindheit erlebt, ungezwungen und fernab jeglichen höfischen Zwangs. Man machte sich keine Gedanken um die Zukunft der Söhne und Töchter, denn entscheidende politische Karrieren waren nicht in Sicht: Herzog

Max kam aus einer Nebenlinie der Wittelsbacher, die im bayerischen Königreich ohne Bedeutung war. Ludovika allerdings entstammte der wittelsbacherischen Königslinie, sie war nicht nur eine Tochter König Maximilians I. Joseph, sondern eine Schwester sowohl der Königin von Sachsen als auch der von Preußen, daneben hatte ihre Schwester Sophie den habsburgischen Erzherzog Franz Carl geheiratet und durch ihre geschickten Schachzüge ihren Sohn Franz Joseph auf den habsburgischen Thron gehievt. Bei einer derart erlauchten Verwandtschaft war es ein kleines Wunder, dass Ludovika an der Seite ihres unbedeutenden Gemahls keine Minderwertigkeitskomplexe entwickelte. Sie hatte andere Trümpfe in der Hand, wenn sie ihre attraktiven Töchter betrachtete. Die würden sicherlich begehrte Bräute am europäischen Heiratsmarkt werden, denn in wenigen anderen hochadeligen Familien fand man so schöne Mädchen wie im Hause von Herzog Max und Herzogin Ludovika. Und da Ludovika selbst gegen ihren Willen unter ihrem Stand als Tochter des bayerischen Königs verheiratet worden war, trachtete sie danach, diesen Makel auszugleichen, indem sie schon reichlich früh Ausschau nach geeigneten Partien für ihre schönen Töchter hielt.

In dem unkonventionellen Elternhaus, in dem die fünf Töchter und drei Söhne aufwuchsen, legte man allerdings kaum Wert auf umfangreiche Bildung. Daher wurde die junge Sisi genauso wenig wie ihre Geschwister mit übertriebenem Wissensstoff belastet, wenngleich Ludovika und die Erzieherinnen des jungen Mädchens auf eine ge-

wisse Allgemeinbildung achteten, die freilich nicht immer systematisch vermittelt wurde. Daneben bemühte sich so mancher Lehrer, den Herzogskindern Spezialwissen beizubringen, was nicht immer auf großes Interesse stieß. Carl Theodor allerdings musste in der Folge erkennen, dass es ihm in jeder Hinsicht am nötigen Wissen fehlte, als er seinen Plan, Medizin zu studieren, in die Tat umsetzen wollte. Er hatte es genau wie seine Schwester Sisi schwer, das in der Kindheit und Jugend Versäumte nachzuholen.

Aber wer konnte in einer Zeit, da sich die Familie nicht mit großen Problemen zu beschäftigen hatte, ahnen, dass es kein Fehler gewesen wäre, den Kindern eine solide Grundausbildung angedeihen zu lassen?

An geeigneten Instruktoren fehlte es kaum, aber in erster Linie an der Konsequenz der Eltern, die freiheitsliebenden Sprösslinge zum Stillsitzen, Lernen und Wiederholen zu motivieren, wobei die musischen Fächer noch halbwegs Anklang fanden. Wahrscheinlich war es Herzog Max, der großen Wert darauf legte, dass die Kinder ein Instrument erlernen sollten, in seinem Sinne natürlich Zither. Auch wenn Sisi sich nicht als besonders musikalisch erwies, so spielte sie das Saiteninstrument ganz passabel, während ihr begabter Bruder Carl Theodor – oder Gakel, wie er in der Familie genannt wurde – sich nicht nur als begeisterter, sondern auch hervorragender Pianist erwies.

Sisi war neun Jahre alt, als die Baronin Luise Wulffen als Erzieherin für sie engagiert wurde. Die Baronin hatte keine leichte Aufgabe übernommen, denn ihr Schützling

ließ sich nicht leicht zum Stillsitzen überreden. Anstatt einen Aufsatz zu schreiben, tobte Elisabeth lieber mit ihren Geschwistern im weiten Schlosspark von Possenhofen umher, freilich nur so lange, bis sie sich unauffällig zurückzog, um ihren Gedanken nachzuhängen, was sie am besten irgendwo an einem geheimen Platz am Starnberger See oder in den Ästen eines Baumes tun konnte – ein Verhalten, das für ein heranwachsendes Mädchen durchaus nicht unüblich ist. Schon damals suchte sie die intensive Verbindung zur Natur, zu den Blumen und Tieren. In solchen Stunden des Alleinseins vermisste sie auch ihre Geschwister nicht, sie vergingen für sie wie im Flug. Manchmal versuchte sie dann ihre Träumereien mit Stift und Kreide zu Papier zu bringen oder verfasste kleine Gedichte, die ihre romantischen Stimmungen wiedergaben.

Sisi war ein schwärmerisches Kind, das im Kreise der Herzogsfamilie so akzeptiert wurde, wie es war und das von den Eltern oder auch von den Erzieherinnen wenig geformt wurde, sodass sich die Grundzüge ihres Wesens schon in den ersten sechs Lebensjahren ausgeprägt und gefestigt hatten.

Es war alles in allem eine glückliche Kindheit, die die Herzogskinder in einer Zeit erleben durften, in der in anderen Gesellschaftsschichten bereits Dreijährige in den Arbeitsprozess ihrer Eltern eingegliedert wurden, um das Überleben zu sichern. Die Idylle am Starnberger See täuschte über das soziale Elend hinweg, das durch die Industrialisierung über weite Teile der europäischen Bevölkerung hereingebrochen war. Die Kinder von Herzog

Max lebten auf einer rosaroten Wolke, zu der nur selten Berichte über soziales Elend vordrangen. Da und dort sahen sie freilich auch in München bedürftige Menschen, aber sie wurden wenig mit der Not breiter Bevölkerungsschichten konfrontiert, da mussten sie schon genau hinsehen. Einzig und allein Helene ging in dieser Hinsicht mit offenen Augen durch die Welt. Noch vor ihrer Eheschließung mit dem Erbprinzen Albert Maximilian von Thurn und Taxis kümmerte sich Nene, wie Helene im Familienkreise genannt wurde, um die Bedürftigen, die es auch rund um den Starnberger See gab. Die karitative Beschäftigung behielt sie auch als Gemahlin Alberts in Regensburg bei und brachte bedeutende Geldmittel auf, um den Armen zu helfen. Auch ihr Bruder Carl Theodor hatte ein Herz für die vom Schicksal Benachteiligten, denn als bekannter und angesehener Augenarzt behandelte er so manchen Patienten, der seiner Hilfe bedurfte, aber nicht die nötigen Mittel aufbringen konnte, ohne ein Honorar zu verlangen.

Dieses soziale Gefühl war bei Sisi kaum ausgeprägt. Anders ist ihr Verhalten in späterer Zeit, als sie längst Kaiserin geworden war, nicht zu verstehen. Sie machte sich wenig Gedanken darüber, wie viel ihre diversen Vergnügungen, ihre vielen Reisen kosteten, ihre Jagdabenteuer, für die ihr die besten und teuersten Pferde zur Verfügung stehen mussten. Geld spielte keine Rolle, warum sollte sie sich den Kopf darüber zerbrechen? Sie hatte in ihrer Kindheit nicht gelernt, ein soziales Gewissen zu entwickeln, wie hätte sie später als Kaiserin, das nachholen können?

Die Kaiserin vor 1860

Die Kinder des Herzogspaares hatten in Possenhofen oder in München tatsächlich ein beneidenswertes Leben führen können. Der romantische Park am Starnberger See, aber auch das geräumige Stadtpalais boten genügend Möglichkeiten, den kindlichen Bewegungsdrang auszuleben. Dazu kam, dass Herzog Max es nicht nur meisterlich verstand, in München für sich und seine Freunde die rauschendsten Feste zu arrangieren, er hatte auch eine rich-

tige Zirkusmanege anlegen lassen, wo er selbst auftrat. Und manchmal nahm er auch seine Tochter Sisi mit, für die es ein faszinierendes Abenteuer bedeutete, sich an der Seite ihres Vaters hoch zu Ross zu präsentieren. Vielleicht wäre aus der späteren Kaiserin eine umjubelte Zirkusreiterin geworden, wäre ihre Wiege in einem Wohnwagen gestanden und nicht im herzoglichen Palais in München. Und wahrscheinlich wäre sie in dieser ungezwungenen Atmosphäre glücklicher geworden, als sie es schließlich als Kaiserin von Österreich war.

Jahre später, als man Franz Joseph und Elisabeth nach der Krönung in Ungarn das in der Nähe von Budapest gelegene Schloss Gödöllö zum Präsent machte, ließ sich Sisi auch eine Manege anlegen, wo sie ab und zu als Zirkusreiterin auftrat. Natürlich nur vor ausgesuchten Gästen!

Herzog Max suchte das Amusement aber nicht nur in seiner bayerischen Heimat, sondern er fuhr auch gern zu Lustbarkeiten ins Ausland, so auch nach Wien. Denn der Fasching in Wien war europaweit bekannt, jeder, der es sich leisten konnte, kam in die Stadt an der Donau, um sich hier den Vergnügungen, die tagtäglich stattfanden, hinzugeben. So war es nur selbstverständlich, dass auch Herzog Max immer wieder in die Kaiserstadt kam, um den Fasching bis zur Neige zu genießen. Ein Ball jagte den anderen, dazu kamen Empfänge, Soireen, Maskenfeste, auf denen sich jeder auf seine Weise austoben konnte. Alles war so richtig nach dem Geschmack des sinnenfrohen bayerischen Herzogs. Seine Familie allerdings konnte er bei diesen Veranstaltungen in Wien wenig brauchen.

18

Wenn er schon unters Ehejoch gezwungen worden war, so schüttelte er dieses bei allen nur möglichen Gelegenheiten ab. Lediglich die Kinder interessierten den Herzog von Zeit zu Zeit.

Schon sehr bald hatte es sich abgezeichnet, dass die kleine Elisabeth ein ungewöhnliches Bewegungstalent namentlich fürs Reiten besaß. Auch die anderen Herzogskinder mit Ausnahme von Nene saßen gut zu Pferde, aber Sisi schlug sie alle, wenn es darum ging, um die Wette zu galoppieren oder über hohe Büsche und breite Gräben zu springen. Der Vater, selbst ein exzellenter Reiter, sah dies mit Wohlgefallen und lehrte die Tochter nicht nur im Damen-, sondern auch im Herrensitz zu reiten – für die damalige Zeit absolut »shocking«! Nicht selten kam es deshalb zu ernsten Kontroversen zwischen dem Herzog und seiner Gemahlin, die auf Zucht und Ordnung, vor allem aber auf Etikette achtete. Was sollte man über ihre Tochter in den entsprechenden Kreisen denken, wenn es sich herumsprach, dass Sisi mit gespreizten Beinen zu Pferd saß und wie eine Amazone durch die Gegend jagte, vom Schwimmen in nur leichter Badekleidung im Starnberger See ganz abgesehen?

Wahrscheinlich kostete es Herzog Max nur ein müdes Lächeln, wenn seine Frau mit ihren ewigen Vorwürfen kam. Immer wieder predigte sie, dass er die Kinder nur verziehe und sie zu keiner ordentlichen Tätigkeit anrege. Aber der Ernst des Lebens, so sah es Herzog Max, kam noch bald genug, in der Jugend sollten seine Söhne und Töchter ein möglichst ungebundenes Leben führen. Wer

wusste schon, welcher Zukunft vor allem seine Töchter entgegen gingen?

In den unterschiedlichen Erziehungsmethoden der beiden spiegelten sich nicht nur die verschiedenartigen Charaktere wider, sondern auch die disharmonische Ehe. Was der eine für richtig hielt, verwarf der andere als Unsinn und befahl den Kindern das genaue Gegenteil zu tun, wobei Herzogin Ludovika insofern Glück hatte, dass ihr Ehemann selten anwesend war, sodass sie eigentlich die Kinder nach ihren Prinzipien erziehen konnte. Welch wunderbarer Augenblick war es aber jedesmal, wenn der Vater in seiner fröhlichen Art ins Zimmer stürzte, die Schulbücher zuklappte und zum Ritt ins Gebirge aufrief. Begeistert folgten die Kinder Herzog Max, man sprang auf die gesattelten Pferde, und los ging die wilde Jagd. Dem Herzog waren die Vorurteile, die zu dieser Zeit vor allem in der höheren Gesellschaft herrschten, absolut einerlei. Denn da war ein »durch Feld und Wald streifendes, auf Bäume kletterndes, auf grüner Wiese sich tummelndes weibliches Wesen eine Unmöglichkeit oder ein Gräuel«. Allgemein herrschte die Vorstellung, dass das Mädchen ins Haus gehörte, »in seine Stille und Abgeschlossenheit«.[2]

Nur ein einziges der Kinder vermisste eine konsequente gründliche Schulbildung: Carl Theodor erkannte schon in jungen Jahren, dass er nicht wie sein Vater und Bruder die Erfüllung seines Daseins in der Militärlaufbahn finden würde, für ihn gab es wichtigere Dinge im Leben: Er wollte Medizin studieren und sein Wissen und Können

Arm und Reich zur Verfügung stellen. Vielleicht konnte er auch durch die vorhandenen Geldmittel die Forschung auf dem Gebiet der Augenheilkunde vorantreiben. Aber die Voraussetzungen, die er durch die mangelhafte Wissensvermittlung im Kindes- und Jugendalter mitbekommen hatte, waren für ein Medizinstudium keinesfalls geeignet. Mühevoll musste sich der junge Herzog durch alle Schwierigkeiten kämpfen, um doch noch als »Seniorenstudent« seinen Traum Wirklichkeit werden zu lassen.

Für die Berufslaufbahn der beiden anderen Söhne, Ludwig und Max Emanuel, genügte das, was sie an Wissensgut vermittelt bekamen. Wie in anderen Adelshäusern auch stand den männlichen Mitgliedern der Familie eine Militärkarriere offen – ganz üblich in der damaligen Zeit.

Wahrscheinlich hätte auch Sisi kaum unter ihrer bescheidenen Allgemeinbildung gelitten, hätte sie nicht am Wiener Kaiserhof sehr bald erkannt, was sie eigentlich hätte beherrschen sollen. Aber wer konnte im fernen Bayern ahnen, dass sich ausgerechnet der Kaiser von Österreich in sie verlieben würde? Dabei war Elisabeth mit ihrem runden Kindergesicht und dem straff zurückgekämmten gescheitelten Haar nicht gerade ein ansehnliches Mädchen. Zu der Zeit, als sie Franz Joseph den Kopf verdrehte, war sie noch keineswegs die atemberaubende Schönheit, zu der sie sich später durch ihr eigenes Zutun entwickelte. Zwar hatte die Mutter mit einem Seufzer der Erleichterung festgestellt, dass sich die Tochter von Jahr zu Jahr »mauserte«, denn als Kind war Sisi eher ein hässliches Entlein gewesen, das innerhalb der Verwandtschaft

21

wenig Beachtung fand. Die Verbundenheit der Schwestern Ludovikas zeigte sich besonders bei den liebgewordenen Besuchen, bei denen Herzog Max stets eine Außenseiterrolle zukam. Nicht nur Erzherzogin Sophie hatte ihre Probleme mit dem eigenwilligen Schwager auch Marie und Elise sahen in ihm keineswegs den »idealen Gatten«. Denn nur zu oft war ihnen zu Ohren gekommen, dass der Herzog es vorzog, mit seinen Liebschaften und deren unehelichen Kindern, die er rund um den Starnberger See gezeugt hatte, zu dinieren, als dem Familienessen im Possenhofener Schloss beizuwohnen. Auch die Kinder waren über die Eskapaden ihres Vaters informiert, denn Herzog Max machte in seiner Familie kein Hehl aus seinen Beziehungen. Wie sich dieses seltsame Verhältnis auf die Gedankenwelt der heranwachsenden Söhne und Töchter auswirken musste, gibt es keine Aussagen. Ludovika bemühte sich allerdings ein Leben lang, den Schein eines intakten Familienlebens aufrecht zu erhalten. Später wurde sie dafür belohnt, als sie zum absoluten Mittelpunkt der Familie wurde. Zu ihr kamen die Söhne und Töchter mit ihren Anliegen, Nöten und Freuden, und auch die Enkelkinder fühlten sich in Gegenwart der liebenswürdigen, manchmal auch strengen alten Dame wohl, die sich nicht scheute, da und dort ein offenes Wort zu sagen.

Herzog Max, der sich, je älter er wurde, immer mehr von seiner eigentlichen Familie zurückzog, sah man eher als skurrilen Eigenbrötler an, dessen Marotten jeder akzeptierte. Mit Ausnahme seiner Schwägerin Sophie, der Mutter Kaiser Franz Josephs. Bei allen unvermeidlichen

Begegnungen zeigte sie ihm und er ihr, was man voneinander hielt.

Die schlechte Beziehung zu ihrem Schwager hinderte Sophie allerdings nicht, mit ihren Söhnen (die einzige Tochter des Erzherzogspaares Anna war im Kleinkindesalter gestorben) ihre Schwester Ludovika aufzusuchen oder die Schwester herzlichst einzuladen, wobei die Beziehung zwischen den Wiener und den bayerischen Kindern keineswegs bemerkenswert war. Denn der 13-jährige Franz, der spätere Franz Joseph, schildert in seinem Tagebuch eine Begegnung am Starnberger See folgendermaßen:

2. September 1843
Um 7 Uhr fuhren wir von München weg und kamen um viertel auf zehn in Possenhofen an. Wir fanden dort Herzog Max und alle seine Kinder bis auf Louis, welcher in der Schweiz ist. Wir frühstückten mit der Tante Louise, der Helene, der Elise und dem sehr netten aber fast verzogenen Kakl. Um 10 Uhr gingen wir in die dumpfe Kapelle, um die Messe zu hören, wo mir übel wurde, so daß man mich aus der Kapelle zu einem offenen Fenster tragen mußte, wo mir wieder gut wurde; darauf legte ich mich auf das Bett. Um 12 Uhr fischte ich und Graf Bombelles mit dem Herzog, wobey wir 20 Birschlinge und Weißfische fingen.[3]

Die beiden Cousinen dürften bei dem 13-jährigen Franz keinen besonderen Eindruck hinterlassen haben, wahrscheinlich, weil ein Bub in diesem Alter lieber Fische fängt als sich um kleine Kinder zu kümmern – »Elise« war

immerhin erst sechs Jahre alt. Es sollte noch neun Jahre dauern, bis dem nunmehrigen Kaiser Franz Joseph diese Elise – Sisi – ins Auge stach, wenngleich er die Cousine in der Zwischenzeit mehrmals zu Gesicht bekommen hatte.

Die habsburgische Erzherzogsfamilie war nämlich nach den blutigen Unruhen im Jahr 1848 Hals über Kopf ins sichere Tirol geflohen, wo man auf bessere Zeiten warten wollte. Als Herzogin Ludovika davon erfuhr, dass ihre Schwester Sophie mit der gesamten Familie in Innsbruck Zuflucht gesucht hatte, kündigte sie ihren Besuch mit ihren Kindern an. Natürlich war auch der älteste Sohn Franz Joseph kurz in der Tiroler Hauptstadt, wobei er sich für die bayerische Verwandtschaft nicht allzu sehr interessierte. Deshalb nahm er auch jetzt kaum Notiz von seinen Cousinen, schon gar nicht von der zwölfjährigen Sisi, die schon nach kurzer Zeit seinen Bruder Carl Ludwig bezaubert hatte. Ihre Natürlichkeit und Fröhlichkeit faszinierten den Jüngling, denn endlich hatte er ein Mädchen gefunden, das nicht »gespreizt und geschraubt« war, mit dem er so manchen Streich aushecken konnte und das sich nie als Spielverderberin erwies. Ein Mädchen zum Verlieben!

Als die Herzogsfamilie Innsbruck verließ, versprach man, einander zu schreiben. Und Carl Ludwig hielt sich nicht nur daran, er schickte als echter Kavalier sogar ab und zu kleine Schmuckstücke an die Cousine, die sich mit ein paar Zeilen auf bemaltem Papier bedankte. Aber im Lauf der Zeit schlief der Briefwechsel wie von selbst ein. Wahrscheinlich bedauerte dies Herzogin Ludovika, wäre

doch der junge Erzherzog eine geeignete Partie für die Tochter gewesen. Noch dazu, wo sein Bruder Franz Joseph nach der Abdankung seines kranken Oheims Ferdinand in Olmütz zum Kaiser der riesigen Donaumonarchie gekrönt worden war.

Da Ludovika wusste, dass sich ihr Ehemann keinen einzigen Gedanken über die Zukunft seiner Kinder machte, begann sie, als die Töchter ins Backfisch-Alter gekommen waren, sich nach geeigneten Heiratskandidaten umzuschauen. Zuerst sollte natürlich die älteste Tochter Helene an den Mann gebracht werden. Dabei war es für Ludovika gar nicht so leicht, den einen oder anderen Bräutigam aus den allerhöchsten Kreisen zu finden – und nur die schwebten ihr vor, da sie selbst als Tochter des Königs von Bayern weit unter ihrem Stand geheiratet hatte. Und sie wusste: Die Hocharistokratie verzieh so eine Sünde wider den Gotha nicht so leicht.

Trotzdem konnte Ludovika ruhig schlafen, hatte sie doch einige Trümpfe im Talon. Denn immerhin waren die Königin von Sachsen Marie und auch Erzherzogin Sophie, die Mutter des Kaisers von Österreich, ihre Schwestern, mit denen sie sich ein Leben lang gut verstanden hatte. Ludovika wusste, mit ihnen konnte sie jederzeit ein offenes Wort reden und über ihre Heiratspläne diskutieren. Dabei hatte sie erfahren, dass auch Franz Joseph nach einer Gemahlin Ausschau hielt. Der Sohn Sophies war mit seinen 24 Jahren ein attraktiver junger Mann und als Kaiser von Österreich die beste Partie, die auf dem internationalen Heiratsmarkt zu finden war. Das war ein

offenes Geheimnis. So manche hochadelige Eltern mit heiratsfähigen Töchtern hatten den jungen Kaiser ins Visier genommen, aber die Voraussetzungen für eine Ehe waren an verschiedene Kriterien gebunden, die nicht so leicht zu erfüllen waren. Viele Heiratspläne scheiterten allein an der Glaubensfrage, denn die Bedingung für eine Braut war in erster Linie, dass sie katholisch sein musste. Eigentlich kamen nicht viele junge Prinzessinnen für Franz Joseph in Frage und somit stiegen die Aussichten für die älteste Tochter von Herzog Max und Ludovika, für die schöne Helene, von Tag zu Tag. Es musste nur eine passende Gelegenheit gefunden werden, damit die jungen Leute einander kennen lernen konnten. Denn auch Erzherzogin Sophie hatte erkannt, dass diese Nichte in ihrer ruhigen, ernsten Art nicht nur eine ideale Frau für ihren pflichtbewussten Sohn sein würde, sondern dass aus ihr auch eine gute Kaiserin werden könnte. Zwar fehlten väterlicherseits ein paar hochadelige Ahnen, aber immerhin war Nenes Großvater der bayerische König Maximilian I. Joseph.

Ohne langes Zögern waren die Mütter auf den Plan getreten, um Geschichte zu machen. Die politisch und menschlich versierte und lebenserfahrene Erzherzogin hatte mit Helene die richtige Frau für ihren Sohn ausgewählt, denn alle Voraussetzungen, die eine habsburgische Kaiserin zu erüflen hatte, brachte Nene mit. Vielleicht war Franz Joseph viele Jahre später, als sich Sisi längst von ihm weit entfernt hatte, zu der gleichen Erkenntnis gekommen wie seine Mutter damals. In ihrer streng

katholischen Art und der unbedingten Pflichtauffassung wäre Nene an seiner Seite die ideale Kaiserin, eine echte von ihren Untertanen geliebte Landesmutter geworden. Sie war, wie sich später herausstellen sollte, eine Frau mit ungewöhnlichen Fähigkeiten, die sie in Regensburg als Fürstin von Thurn und Taxis zeigte, als sie völlig auf sich gestellt nach dem frühen Tod ihres Mannes und dem Hinscheiden der Schwiegereltern gezwungen war, die Regierungsgeschäfte für ihre unmündigen Söhne zu übernehmen. In ihrer Zielstrebigkeit, ihrer Arbeitsauffassung und ihrem sozialen Gespür war Helene grundverschieden von ihrer Schwester Sisi.

Aber das Schicksal entschied völlig anders. Sisi kam, wurde von Franz Joseph gesehen und besiegte ihn vollständig. Dabei war es reiner Zufall, dass Elisabeth an der Seite ihrer schönen Schwester und ihrer Mutter dem Kaiser in Ischl begegnete, denn eigentlich war ihre Anwesenheit beim Geburtstagsfest Franz Josephs gar nicht vorgesehen gewesen. Aber gewisse Ereignisse im Leben, die sich als schicksalhaft erweisen, lassen sich nun einmal nicht von vornherein bestimmen, sie verlaufen niemals geplant. Ein kurzer Augenblick entschied das Leben von Franz Joseph wie das von Elisabeth. Den jungen Kaiser hatte die Liebe wie ein Blitz aus heiterem Himmel getroffen, etwas, was man dem kühlen bisher gehorsamen Sohn seiner Mutter niemals zugetraut hätte. In dieser lebenswichtigen Entscheidung hörte er nicht mehr auf den Rat der »lieben Mama«, in diesem Punkt ließ der bürokratische, phantasie- und visionslose, pflichtbewusste Franz Joseph zur all-

gemeinen Überraschung sein Herz sprechen. Und dieses sprach eine für ihn unverständliche Sprache. Denn schon am Anfang seiner Ehe war es für ihn unmöglich, seine entzückende, natürliche Frau, in die er bis über beide Ohren verliebt war, zu verstehen, er war unfähig, sich in die Veränderungen in ihrem Leben, das sie gezwungen war, am Kaiserhof zu führen, hinein zu denken, auch wenn er dazu willens gewesen wäre. Sisi war für Franz Joseph die absolut falsche Frau.

Zum Kaiser erzogen

Wann bei Erzherzogin Sophie die Idee auftauchte, ihren ältesten Sohn Franz zum zukünftigen Kaiser zu erziehen, lässt sich im Nachhinein schwer feststellen. Allerdings musste sie sich nur in der kaiserlichen Familie etwas umsehen, um zu erkennen, dass der älteste Sohn ihres Schwiegervaters, des »guten« Kaisers Franz auf dem Thron wenig Zukunftsaussichten haben konnte. Denn der unglückliche junge Mann war schwerer Epileptiker, der auf Grund seiner Krankheit kaum in der Lage sein würde, den vielfältigen Aufgaben, die auf ihn als Kaiser zukamen, gewachsen zu sein. Irgendwann – vielleicht gezwungen durch für ihn unlösbare politische Ereignisse – würde er zu der Erkenntnis gelangen, dass er die Last der Krone nicht mehr tragen konnte. Dann würde sein inaktiver, an der Politik völlig desinteressierter Bruder Franz Carl, der Ehemann der dynamischen Erzherzogin als nächster Anwärter auf den Habsburger Thron in seine Fußstapfen treten, was es für Sophie unter allen Umständen zu verhindern galt. Denn mit Franz Carl als Nachfolger seines Bruders hätte man, so sah es nicht nur die Erzherzogin, den Teufel mit dem Belzebub ausgetrieben. Lethargisch wie er war, würde er alles laufen lassen, wie es eben lief, und so etwas konnte mit der Zeit gefährlich werden. Zwar nicht, so lange der heimliche Herrscher Clemens Fürst Metternich die Staatsgeschäfte führte, aber einmal würde

auch diese Ära zu Ende gehen – die ersten Anzeichen zeigten sich schon am politischen Horizont. Dann war ein junger Herrscher gefragt, unverbraucht, aber in konservativer Denkungsart verankert, die die Stabilität in der großen Monarchie garantieren würde.

Es war in gewisser Hinsicht von Sophie ein selbstloser Entschluss, ihren ältesten Sohn Franz als zukünftigen Herrscher ins Auge zu fassen. Sie verzichtete auf eine nicht unbedeutende Machtposition, würde ihr eigener Ehemann zum nächsten Kaiser gekrönt werden. In diesem Fall wäre es ihr ein Leichtes gewesen, den unentschlossenen, visionslosen Ehemann nach ihrem Gutdünken zu lenken und zu leiten und so die Fäden der Politik zu ziehen. Aber sie wollte einen anderen Plan verwirklicht sehen. Ihr Sohn Franz sollte Kaiser werden. Sie hatte die Absicht, dieses Kind, das nach großen Schwierigkeiten am 18. August 1830 endlich zur Welt kam, zum Herrscher zu erziehen. Jetzt hatte ihr Leben am Wiener Hof nach vielen Jahren doch noch einen Sinn bekommen, sodass sie sich mit der erzwungenen Heirat abfinden konnte. Denn das schöne, temperamentvolle Mädchen war seinerzeit von den Eltern nicht lange gefragt worden, ob es einverstanden sein würde, den völlig unattraktiven, langweiligen zweitgeborenen Sohn des Habsburger Kaisers zu heiraten. Der bayerische König Maximilian I. Joseph hatte die Tochter vor vollendete Tatsachen gestellt. Die Eheverhandlungen waren längst abgeschlossen gewesen, als Franz Carl seinen Antrittsbesuch in Bayern absolvierte. Blankes Entsetzen erfasste alle, die zur Begrüßung des Erzherzogs an-

Franz Joseph I. als Bräutigam (1854)

getreten waren. Am meisten natürlich die Braut. Aber es halfen auch keine bitteren Tränen und keine Fürsprachen der Schwestern bei den Eltern für Sophie, die Heirat war eine beschlossene Sache, immerhin war Franz Carl eine standesgemäße Partie für eine Königstochter.

Alles wäre für Sophie leichter zu ertragen gewesen, hätte Franz Carl nur einen Funken Charme besessen. Hätte er nur hin und wieder zu erkennen gegeben, dass er seine

reizende Braut faszinierend fand. Aber nichts davon war bei ihm zu bemerken, im Gegenteil: Franz Carl interessierte sich wesentlich mehr für die Jagd oder fürs Theater als für seine junge Frau, sodass man bereits bezweifelte, ob er wohl mit ihr die gemeinsame Bettstatt teilen würde. Die Gerüchte um diese seltsame Ehe wurden immer lauter, da sich bei Sophie monatelang keine Anzeichen einer Schwangerschaft einstellten. Und als es doch endlich so weit war, endete alles in einer Fehlgeburt. Die Erzherzogin schenkte immerhin bei zehn Schwangerschaften fünf Kindern das Leben, wobei die einzige Tochter Anna schon als Kleinkind die Augen für immer schloss.

Trotz ihrer privaten Probleme ging die Erzherzogin mit offenen Augen durchs Leben, war an vielen Dingen höchst interessiert und umgab sich gern mit interessanten Männern, die vor allem ihre politischen Ansichten mit ihr teilten. Denn schon sehr bald war Sophie in das Umfeld des Fürsten Metternich geraten, der es nicht verabsäumte, die kluge junge Frau in seinem Sinne zu beeinflussen. Und obwohl Sophie in ihrem Elternhaus alles andere als konservativ erzogen worden war, konnte sie sich dem Bann des schönen Fürsten nicht entziehen, der am Kaiserhof alle Macht in Händen hielt. Es war für Metternich nicht allzu schwer gewesen, schon sehr bald zur »Grauen Eminenz« aufzusteigen, denn Kaiser Franz war ein Mensch, der so ganz und gar in die Zeit des Biedermeiers passte, ein Familienoberhaupt, dem der innige Kontakt zu seinen vielen Kindern mehr am Herzen lag als die Lösung großer politischer Probleme. Dazu hatte er seinen Staatskanzler,

der seine Aufgabe darin sah, die Monarchie in ihrer alten Form zu erhalten, so als wären aus dem revolutionären Frankreich niemals neue Ideen eingeströmt, so als hätte es nie einen Napoleon gegeben. Für Metternich gab es keine Neuerungen, keine liberalen Ideen, nichts durfte verändert werden, keine zukunftsorientierten Gedanken sollten in der Politik Niederschlag finden. Und damit sich alle Räder in seinem Sinn drehten, setzte er an vielen Orten Spitzel ein, die freiheitsdenkende Mitbürger aufspüren sollten. Das Überwachungssystem des Staatskanzlers machte auch vor der Kaiserfamilie nicht Halt, auch sie wurde – so grotesk dies scheinen mag – auf absolute Loyalität überprüft.

In der jungen Erzherzogin hatte Metternich eine Musterschülerin gefunden. Nachdem einige Zeit des Eingewöhnens am Wiener Hof notwendig war, wurde Sophie zu einer begeisterten Anhängerin des Kanzlers und seiner Weltauffassung. Und da sie ihren Sohn Franz zu einem »echten« Kaiser heranbilden wollte, übernahm sie viele Ideen Metternichs in ihr Erziehungsprogramm.

Was die Mutter freudig überraschte, war die Erkenntnis, dass sie in ihrem ältesten Sohn Franz einen von Natur aus willigen Schüler fand, der all das ohne großes Murren tat, was die »liebe Mama« von ihm von klein auf forderte. Der Bub war nicht der Typ des Revoluzzers, der sich gegen irgendwelche Vorschriften auflehnte, der seine eigenen Wege gehen wollte und der deshalb zu Handlungen fähig war, die sich im Nachhinein als falsch herausstellen sollten. Er ließ sich willig führen, denn er hatte immer

das Gefühl, liebevolle und wohlmeinende Eltern in seiner Nähe zu haben. Und das waren sowohl Sophie als auch Franz Carl, der, obwohl er neben seiner schönen aktiven Gemahlin schon sehr bald ein Schattendasein führte, für die Kinder doch stets präsent war.

Ob die Söhne des Erzherzogspaares die inneren Spannungen registrierten, die zwischen den ungleichen Elternteilen herrschten, ist unbekannt und durch kein Dokument belegbar. Da die Mutter in allen Erziehungsfragen oberste Instanz war, hatte Franz Carl bei keiner Entscheidung, die seine Söhne betraf, ein Wort mitzureden. Er ließ seine Gemahlin schalten und walten, wie sie wollte, und war froh, seine Ruhe zu haben.

Pünktlichkeit und Ordnung, das waren für Erzherzogin Sophie oberste Maximen, die ihr selbst schon als Kind am bayerischen Königshof beigebracht worden waren. Daher wurden ihre Söhne schon von klein auf dazu angehalten, die Aufgaben, die sie zu erfüllen hatten, gewissenhaft und genau zu erledigen. Franz, der ältere, beugte sich den Vorschriften der Mutter ohne zu murren, da er ebenfalls ein pedantischer Mensch war. Schon von Kindesbeinen an liebte er in allen seinen Handlungen ein strenges Reglement sowohl in seinem Tagesablauf als auch bei der Erfüllung seiner Pflichten. Als Kaiser sollte Franz Joseph diese Gleichförmigkeit in allem, was er dachte und tat, beibehalten. Irgendwelche Abweichungen von einem gegebenen Schema waren für ihn kaum vorstellbar, das Leben hatte für ihn in geraden Bahnen zu verlaufen. Dass seine spätere Gemahlin Elisabeth alles andere als auf ei-

Herzogin Elisabeth als Braut (1854)

nen bestimmten Lebensrhythmus festlegbar war, erkannte er viel zu spät.

Franz und seine Geschwister konnten am Wiener Kaiserhof eine glückliche Kindheit verbringen, denn die Mutter selbst kümmerte sich um alles, was das Wohl und Weh der Kinder betraf. So etwas war in der damaligen Zeit in diesen Kreisen keineswegs üblich, da man andere Aufgaben zu erfüllen hatte, als sich um die Entwicklung

der Nachkommen zu kümmern. Natürlich war für Franz und seine Geschwister eine Aja ausgewählt worden, eine Frau, die das besondere Vertrauen der Erzherzogin besaß, die verständnisvolle Baronin Sturmfeder. Gemeinsam mit Erzherzogin Sophie wurde von ihr das Lernprogramm für den kleinen Franzi zusammengestellt, das nicht nur aus Wissensleistungen, sondern von klein auf schon aus militärischen Übungen bestand, die den Buben ungemein erfreuten. Kaum konnte er laufen, bekam Franz ein Holzschwert geschenkt, das er begeistert präsentierte, so wie er dies bei den Paraden, auf die er von den Eltern mitgenommen wurde, gesehen hatte. Die stolzen Eltern gaben dem bekannten Maler Ferdinand Waldmüller den Auftrag, den kleinen »Soldaten« auf einem Gemälde zu verewigen. Das Bild zeigt ein entzückendes Kind, in einem langen hellen Kleid, das von zwei gekreuzten Gurten unterbrochen wird, in denen ein Degen steckt, die blonden Locken ziert ein Helm mit Federbusch, in der einen Hand hält »Klein Franzi« eine Soldatenpuppe und in der anderen ein Gewehr. Fahne und Trommel bilden den richtigen Rahmen genauso wie noch einige Soldaten im Hintergrund. Schon mit fünf Jahren hatte der junge Erzherzog erklärt: »Das, was Militärs ist, ist mir das liebste.«[4]

Wahrscheinlich konnten die Eltern ihrem Sohn keine größere Freude bereiten, als mit ihm zu einer Parade zu gehen. Über so einen Besuch berichtete Erzherzogin Sophie:»Ich führte Franzi zur Truppenschau und kam aus dem Entzücken nicht heraus. Er war genauso begeistert von den Kanonenschüssen, die ganz knapp in seiner

Nähe abgegeben wurden, wie von dem Gewehrfeuer.« Franz Josephs Sohn Rudolf sollte als Kind ganz anders auf das Abschießen von Kanonen reagieren.

Der »Zauber der Montur« blendete Franz Joseph ein Leben lang, sehr zum Leidwesen seiner späteren Gemahlin Sisi, die für die Faszination, die von den bunten Uniformen der kaiserlichen Armee für ihren Mann ausging, kein Verständnis aufbringen konnte. Vermutlich hätte sie ihren Ehemann viel lieber in Zivil gesehen als in Uniform. Aber Franz Joseph fühlte sich in Zivilkleidung ganz offensichtlich nicht wohl, wie er dies in einem Brief an seine Frau ausdrückte. Er kam sich vor wie ein »Gigerl«, und das war wirklich das Letzte, was er ein wollte und seinem Charakter nicht gemäß war.

Der Tag war für den kleinen Franz und seine Brüder vom Morgengrauen bis in die frühen Nachtstunden genau eingeteilt. Erzherzogin Sophie hatte die besten Experten für ihre Söhne ausgesucht, die zudem noch kaisertreu und konservativ in ihrem Denken und Handeln waren. Sie beaufsichtigte selbst den Unterricht, der den Kindern geboten wurde, war bei den regelmäßig stattfindenden Prüfungen anwesend, kümmerte sich um das Lernpensum und war – und das war für eine Erzherzogin eher außergewöhnlich – zu jeder Tages- und Nachtstunde für die Kinder da. Ja, sie wich auch nicht von ihrer Seite, wenn sie dann und wann von ansteckenden Krankheiten wie Scharlach befallen wurden, sie saß an ihren Betten und pflegte sie aufopfernd, wobei sie natürlich Gefahr lief, ebenfalls von der Krankheit angesteckt zu werden.

Alles in allem verbrachte der spätere Kaiser eine Kindheit in einer intakten Familie, nicht wie später seine eigenen älteren Kinder, die ihre Eltern kaum zu Gesicht bekamen. Freilich war das Lernprogramm für den Knaben ungeheuerlich, denn schon im zarten Alter von drei Jahren begann sein Tag in aller Herrgottsfrühe. Neben ersten Übungen im Exerzieren standen einfache gymnastische Übungen auf dem Programm, danach folgten Unterrichtsstunden in Deutsch und Religion, Französisch, Geographie und Schreiben, was für den Buben eine wahre Plage bedeutete, denn die »deutsche Schrift« war keineswegs einfach zu erlernen. Deshalb vermeldete »Franzi« seiner Großmutter ganz besonders stolz: »Liebe Großmama! Ich sage Ihnen daß ich schreiben kann. Franz«[5]

Das Tagesprogramm mit dem vielen Wissensballast, den man dem Heranwachsenden zumutete, wurde von Jahr zu Jahr umfangreicher, wollte man doch offensichtlich alles, was bis dato an Wissen auf dieser Welt gesammelt wurde, dem Zögling vermitteln. Franz Joseph hätte ein Universalgenie sein müssen, hätte er alles das behalten, was er einmal gehört, gelesen oder gelernt hatte. Obwohl er im Allgemeinen willig alle Instruktionen über sich ergehen ließ, schrieb er doch einmal seinem Bruder Maxi, dem späteren Kaiser von Mexiko:

»Verzweiflung! Verzweiflung! Nicht viel Zeit. Vormittags muß man lernen, abends kommt die Großmama, so vergeht der Tag!«[6]

Dass er auch nachmittags nur eine halbe Stunde Freizeit hatte, erwähnte Franz nicht. Auch Spielstunden mit

den Brüdern standen nur höchst selten auf dem umfangreichen Wochenprogramm, das ab dem 1. Oktober 1846 folgende 15 Gegenstände vorsah: Religion, Literatur, Rechtswissenschaften, Militärstudien, Mathematik, Physik, Chemie, Geschichte, Latein, Griechisch, Französisch, Italienisch, Ungarisch, Böhmisch und Freihandzeichnen. Und da der junge Mann äußerst unmusikalisch war, was gar nicht der Tradition des Hauses Habsburg entsprach, enthielt der »Ausweis über die Stundeneinteilung für Seine kaiserliche Hoheit Franz Joseph« folgenden Nachsatz: »In der Voraussetzung, dass die Musikstunden aufhören, verbleiben noch einige Stunden in der Woche, die für irgendeinen Gegenstand (zusätzlich) verwendet werden können.«[7]

Nach den sechs Wochentagen, ausgefüllt mit Üben, Lernen, Exerzieren, kam der Sonntag, den die Kinder meist mit den Eltern und auch einigen Spielkameraden verbringen durften. Lediglich Franz als zukünftiger Herrscher wurde am Nachmittag vom Staatskanzler in Staatslehre unterwiesen. In der Metternichschen Staatslehre, versteht sich.

Ohne großes Aufbegehren fügte sich der junge Franz und versuchte, den ungewöhnlichen Anforderungen, die an ihn gestellt wurden, gerecht zu werden. Nur den Sinn des Erlernens des Altgriechischen stellte er in Frage, allerdings vertraute er dies nur seinem Tagebuch an:

Die Statistischen Lectionen des Herrn Fränzl unterhalten
und intereßiren mich, doch die griechischen von Abbe

Kis finde ich langweilig und uninterreßant; mir Thut es auch leid, diese Sprache lernen zu müssen, da man meistens sagt, es sey unnöthig.[8]

In wie weit und wie gut Franz Joseph als Kaiser die Sprachen der Monarchie beherrschte, lässt sich in der Nachschau kaum beurteilen, da die Berichte hier divergieren. Sicherlich sprach Kaiser Franz Joseph relativ gut ungarisch, denn mit seiner Tochter Valerie, Sisis »Einziger«, korrespondierte er ab und zu in dieser Sprache, genauso wie er sich mit seiner Gemahlin auf ungarisch unterhielt, da Elisabeth magyarophil war. Verschiedene andere Sprachen lernte Franz nicht nur durch seine Lehrer, da einige Bediente aus den verschiedenen Kronländern stammten, sodass er natürlich als Kind die Möglichkeit hatte, gerade das schwierige Tschechisch zu hören und zu verstehen.

Betrachtet man das umfangreiche Tagesprogramm, das der Heranwachsende zu absolvieren hatte, so fällt einem auf, dass auch auf die körperliche Ertüchtigung größter Wert gelegt wurde. Dabei ging es nicht allein um die täglichen Turnstunden, die Franz manchmal auch mit seinen jüngeren Brüdern verbrachte, wobei nirgendwo die genauen Übungen erwähnt werden, die für die Erzherzogssöhne vorgeschrieben waren. Da aber einzelne Turnlehrer, die am Kaiserhof engagiert waren, bekannt sind, wie die Brüder Stephani, kann man heute rekapitulieren, welche körperlichen Fertigkeiten die Knaben erlernen sollten. So standen sicherlich Aufwärm- und Freiübungen auf dem Programm, aber auch Übungen an den damals

beliebten Geräten wie Barren, Reck und Ringe. Natürlich musste selbst im Turnunterricht die Etikette gewahrt bleiben, sodass die Lehrer nicht in legerer Turnkleidung den Turnraum betreten durften, sondern in standesgemäßer Kleidung und dies bedeutete am Kaiserhof Frack und Zylinder.

Ob allerdings auch der Schwimmlehrer in diesem »Outfit« die Knaben unterrichtete, entzieht sich heute jeglicher Kenntnis.

Auch in den körperlichen Disziplinen hatten Sophies Söhne Prüfungen abzulegen, genauso wie halbjährlich das theoretische Wissen und die Lernerfolge von einer Kommission abgefragt wurden. Die Erzherzogin ließ es sich nicht nehmen, bei diesen von den Knaben gefürchteten Prüfungen anwesend zu sein, denn nicht nur einmal erwähnt Franz Joseph die Stunden im Jahr, vor denen er sich am meisten ängstigte, wenn uns auch dies aus der heutigen Sicht beinahe ein Lächeln entlockt. Denn was hätte schon geschehen sollen, hätte der junge Mann nicht den Anforderungen seiner Lehrer entsprochen?

Erzherzogin Sophie legte großen Wert auf die optimale Ausbildung ihres ältesten Sohnes zum zukünftigen Kaiser einer Großmacht. Sie erachtete es auch als absolute Notwendigkeit, dass Franz und seine Brüder die einzelnen Teile der Monarchie besuchen und besichtigen sollten. Auch wenn sie noch Kinder waren, sollten doch die Untertanen in Oberitalien, in Ungarn, in Böhmen und Mähren merken, dass es in der Familie Habsburg junge dynamische männliche Nachkommen gab, die alle Vor-

aussetzungen mit sich brachten, den Staat in der Zukunft weiterzuführen.

Kaum waren die halbjährlichen Prüfungen absolviert, gab es nur wenige Ferientage in Ischl, wo die Familie eine Villa gemietet hatte, um bald mit großem Gefolge auf Reisen zu gehen. Vielleicht resultiert die Abneigung des späteren Kaisers großen Reisen gegenüber in diesen anstrengenden Touren, bei denen auf das Alter der Kinder und ihre Interessen überhaupt keine Rücksicht genommen wurde. Jeder Tag begann beinahe noch bei nachtschlafender Zeit, in der Dunkelheit bestieg man die Kutschen, um bei Tagesanbruch vor Ort zu sein. Eine Truppenparade folgte der anderen, was allerdings dem jungen Franz Joseph in keiner Weise missfiel. Ausgiebige Diners, langweilige Reden folgten und am Ende eines Tages fand wieder ein Truppendefilee statt bis es dunkel wurde. Todmüde fielen die Kinder ins Bett, um dem nächsten genauso anstrengenden Tag kurz entgegen zu schlafen.

Im Jahr 1836 hatte Franz eine eigene »Kammer« bekommen, zu deren Vorstand sein Ajo Heinrich Graf Bombelles ernannt worden war, zu dem das Kind keine übertriebene Sympathie empfand. Das Verhältnis der beiden blieb kühl und reserviert, ganz anders als jene zu Johann Graf Coronini-Cronberg und Thimotheus Graf Ledochowski. Der »Hofstaat« des jungen Mannes umfasste ferner noch eine Reihe von Bedienten, sodass der Knabe auch eigene Räumlichkeiten benötigte, die ihm angeblich Kaiser Ferdinand persönlich zur Verfügung gestellt hatte. Die antiquierten und verstaubten Räume wurden auf Anordnung

von Erzherzogin Sophie von Grund auf modernisiert und neu adaptiert, da sie immerhin dem zukünftigen Kaiser von Österreich dienen sollten.

Hatte Franz Joseph auch während des Tages hauptsächlich seine Lehrer und militärischen Instruktoren um sich, so gehörte der Abend meist der Familie. Aus seinen eigenen Tagebüchern, aber auch aus dem seines Bruders Karl Ludwig geht hervor, dass sich vor allem die Damen um das seelische Wohl der Erzherzogskinder kümmerten. Meist verbrachte die Mutter die Stunden vor dem Zubettgehen mit den Knaben, war Sophie aber im Theater, das sie häufig aufsuchte, so sprang die Großmama in die Bresche und spielte mit den Kindern entweder Karten wie »Schwarzer Peter« oder »Vive la paix«, manchmal auch Lotterie oder Tombola.

Es war erstaunlich, wie sehr die Stiefgroßmutter Karoline Auguste, die vierte Gemahlin von Kaiser Franz, in die Familie integriert war. Die Kinder liebten sie und erwähnten sie immer wieder in ihren Aufzeichnungen. Vor allem die Kinderbälle, die die Kaiserwitwe veranstaltete, waren ungemein beliebt bei den Knaben, die schon im zarten Kindesalter das Tanzbein stundenlang schwangen. Franzi war ein ausdauernder und, je älter er wurde, begehrter Tänzer, nicht nur, weil er der mögliche zukünftige Kaiser war, sondern weil er sich zu einem gut aussehenden jungen Mann entwickelt hatte, der auch so gute Chancen bei den Mädchen der Hocharistokratie gehabt hätte.

Der Fasching war in Wien eine Zeit, in der man sich gerne maskierte, kostümierte und fröhlich war. Auch

die Erzherzogsfamilie machte den Spaß mit, denn Franz Joseph schrieb am 4. Februar 1845 in sein Tagebuch:

… hatten wir ein lustiges Faschingsfest. Max masquirte sich Abends als Dame. Um halb 10 Uhr abends kamen Hildegard, Marie und Albert (Albert war der Sohn Erzherzog Carls, des Siegers von Aspern, und Hildegard, dessen junge bayerische Frau, Anm.d.V.) *in Dominos und wir gingen mit ihnen zur Großmama, welche langmächtig brauchte, bis sie sie erkannt hatte. Besonders gewährte ihr Onkel Ludwig, der Alberts Maske angenommen hatte, viel Mühe.*[9]

Alles in allem verbrachte Franz Joseph keine unglückliche Kinderzeit und Jugend, trotz des riesigen Lernprogramms und der vielen militärischen Übungen, bei denen er aber mit Begeisterung dabei war. Durch die Nähe zu seinen Eltern, vor allem durch den innigen Kontakt zu seiner Mutter musste sich in ihm ein Gefühl der Geborgenheit entwickeln, was natürlich auch zu einer großen Abhängigkeit von den Entscheidungen der »lieben Mama« führte. Die Mutter bestimmte alles in seinem Leben, sie beherrschte den Sohn von klein auf und Franz Joseph ließ sich beherrschen, denn er war nicht der Mann, der zum Aufbegehren neigte. In seinem von streng katholischem Geist geprägten Elternhaus hatte er Ordnung, Pflichterfüllung, Disziplin, aber auch Liebe kennen gelernt. Und alle, die den gut aussehenden jungen Mann kannten, der allerdings stets für sein Alter zu ernst wirkte, dachten bei

sich, dass sich die Frau, die er einmal zum Altar führen würde, glücklich schätzen musste, so einen Ehemann zu bekommen.

Die Zukunft sollte anders aussehen.

Sisi – Exotin am Wiener Kaiserhof

Mit der glanzvollen Hochzeit in Wien begann für Sisi nicht nur ein neues Leben, sie stand von einem Tag auf den anderen in einer ihr unbekannten Welt, die für sie nicht nur fremd, sondern auch unverständlich war. Die junge Frau hatte keine Ahnung von den protokollarischen Vorschriften, nach denen sich das Leben seit undenklichen Zeiten am Kaiserhof zu richten hatte und die in den Augen der Traditionshüter keineswegs veraltet schienen, als der junge Franz Joseph zum Kaiser gekrönt wurde. Man hätte meinen können, dass mit dem Regierungsantritt eines 18-jährigen Mannes endlich frischer Wind durch die Räume der Hofburg wehen würde, aber Franz war von seiner Mutter ganz im traditionellen Stil erzogen worden, sodass er sich nicht entschließen konnte, längst Überlebtes abzuschaffen. In allen Lebensbereichen schlug einem verstaubte Luft entgegen, besonders aber bei hochoffiziellen politischen Anlässen. So war bei der Akkreditierung eines neuen Botschafters folgendes Zeremoniell genauestens zu beachten:

Ankunft und Vorbereitung:

Nach dem Einlangen nimmt der Botschafter mit dem Außenministerium wegen eines Besuches beim Minister Kontakt auf. Dort überreicht er dem Minister eine Abschrift

des Beglaubigungsschreibens und bittet um eine Audienz beim Kaiser. Der Minister erwirkt über den Oberstkämmerer einen Termin, der dem Botschafter bekannt gegeben wird.

Einholung zur Audienz:

Ein kaiserlicher Kommissär (1856 der Zeremonienmeister, später ein Kämmerer, Anm.d.V.) fährt mit einem Galawagen und zwei Hofwagen zur Residenz des Botschafters. Er wird beim Stiegenaufgang vom Botschaftssekretär erwartet und in den Empfangssalon gebracht, wo ihm der Botschafter einige Schritte entgegen kommt. Nach der Begrüßung lädt der Kommissär den Botschafter zur Audienz ein und geleitet ihn zum Galawagen. Der Botschafter steigt in den Galawagen und nimmt in Fahrtrichtung Platz, der Kommissär setzt sich gegenüber. Die Suite des Botschafters, die ebenfalls zur Audienz angemeldet ist, fährt im Hofwagen voraus, eventuell weiteres Personal fährt in einem Wagen der Botschafter nach dem Galawagen.

Bei der Fahrt leisten alle Wachen, die passiert werden, die einem Botschafter reglementmäßig gebührende Ehrenbezeugung.

Die Hofwagen fahren bis vor das Schweizertor, die Suite steigt aus und geht zu Fuß zur Botschafterstiege. Der Galawagen fährt in den inneren Burghof direkt zur Botschafterstiege (in Schönbrunn zur blauen Stiege). Dann steigt zuerst der kaiserliche Kommissär, dann der Botschafter aus. Der Kommissär begleitet den Botschafter, dem sich die Sui-

te anschließt, an der linken Seite gehend die Stiege hinauf.
Am Stiegenanfang stehen zwei Hofkommissäre, die dem
Botschafter voran gehen, am Stiegenabsatz stehen zwei
Hofoberkommissäre, die sich nach den Hofkommissären
einreihen und den Botschafter ebenfalls hinauf geleiten.
Am Stiegenabsatz wird der Botschafter vom Oberzeremo-
nienmeister erwartet und nach der Bekomplimentierung
bis zum Oberstkämmerer weiter geleitet. Der Oberstkäm-
merer erwartet den Botschafter samt Suite am Eingang zur
zweiten Antekammer (in Schönbrunn das große Rosazim-
mer), kommt ihm aber einige Schritte entgegen. Nach der
Begrüßung führt der Oberstkämmerer den Botschafter und
die Suite bis vor die Tür der Ratstube (in Schönbrunn das
Spiegelzimmer). Während der Botschafter innehält, tritt
der Oberstkämmerer nach Öffnung eines Flügels der Tür
in die Ratstube (Spiegelzimmer) und meldet dem Kaiser
die Ankunft des Botschafters. Dann werden beide Flügel
geöffnet und der Botschafter tritt allein ein.

Audienz:

Der Kaiser erwartet den Botschafter stehend. Nach dem
Eintreten macht der Botschafter drei tiefe Verbeugungen.
Das folgende Gespräch ist zeremoniell nicht terminisiert.
Nach Überreichung des Beglaubigungsschreibens bittet
der Botschafter das mitgekommene Botschaftspersonal
vorstellen zu dürfen. Nachdem der Kaiser die Erlaubnis
dazu erteilt hat, tritt der Botschafter – zum Kaiser gewen-
det – zur Tür und pocht von innen an dieselbe, worauf die

*Tür von außen geöffnet wird und das Personal eintritt. Die
Tür wird wieder geschlossen. Der Botschafter stellt seine
Begleiter einzeln vor. Nach beendeter Vorstellung verbeugt
sich der Botschafter und entfernt sich samt seiner Beglei-
tung unter zweimaliger Verbeugung mit dem Blick zum
Kaiser durch die nun gänzlich geöffnete Tür.*

Abgang:

*Die Begleitung am Rückweg erfolgt in umgekehrter Rei-
henfolge wie bei der Ankunft. Der kaiserliche Kommissär
bringt den Botschafter samt Begleitung mit dem Gala- bzw.
den Hofwagen in die Botschaft zurück.*

*Die Abschiedsaudienz erfolgt mit demselben Zeremoni-
ell, allerdings fährt der Botschafter ohne Hofbegleitung im
eigenen Galawagen.*

Kleidung:

*In Gala, mit Band des Ordensgroßkreuzes. Eine bestehen-
de Hoftrauer wird aus diesem Anlass abgelegt, ausgenom-
men Hoftrauer erster und zweiter Klasse.*[10]

In diese Welt der Traditionen, der Vorschriften, der Etikette und der verstaubten Zeremonien kam ein knapp 16-
jähriges, völlig unbedarftes und ahnungsloses Mädchen
aus dem bayerischen Possenhofen. Die junge Sisi geriet in
ein Revier, in dem auf Schritt und Tritt Fallstricke ausge-
legt waren, über die sie in ihrer Arglosigkeit nur stolpern

konnte. Sie hätte eine völlig andere Natur haben oder um Jahre älter und reifer sein müssen, um die Verhältnisse am Kaiserhof nur einigermaßen durchschauen zu können. Und Franz Joseph, der zwar immer wieder betonte, wie sehr er Sisi liebte, war nicht dazu fähig, seine Frau in das Spanische Hofzeremioniell einzuführen. Er vertraute auf die »liebe Mama« und war viel zu sehr mit den schwierigen Aufgaben der Politik beschäftigt, als dass er sich darüber Gedanken machen wollte, wie seine junge Frau mit der Umstellung von einem Leben in Freiheit auf ein absolutes Reglement in ihrem Tagesablauf zurecht kommen würde. Franz Joseph ahnte nicht oder konnte sich wahrscheinlich auch gar nicht vorstellen, dass Sisi in jeder Hinsicht in den ersten Jahren ihrer Ehe mit dem Zwang überfordert war, den man auf sie ausübte. Vorschriften, die er niemals hinterfragte, mussten für Sisi sinnlos erscheinen. Junge Menschen sind zwar in dem Alter, in dem Sisi ihrem Franzl die Hand fürs Leben reichte, noch form- und beeinflussbar, aber die Unterschiede in den Lebensformen von einst und jetzt waren für die junge Frau einfach zu gravierend, als dass sie von ihr akzeptiert werden konnten. Sie hatte leider keine Ahnung davon, dass diese revitalisierten höfischen Umgangsformen dazu beitragen sollten, die angeschlagene Macht des Habsburger Kaisers neu zu festigen. Um das durch die Aufklärung bedrohte Feudalsystem wieder zufestigen, musste eine absolute Monarchie auch in ihrer äußeren Form erkennbar sein. Deshalb griff man auf jene strengen Formen des Umgangs zurück, die den Herrscher in seiner Macht erlebbar

machten. Die Revolution von 1848 war für die Habsburger-Monarchie brandgefährlich gewesen, und der Bestand des Thrones hing am seidenen Faden. Jeder, der mit offenen Augen durchs Land ging, konnte den Protest gegen das herrschende System hautnah miterleben. Freilich hätte man Kaiser Ferdinand, der schon lange den Beinamen »der Gütige« trug, persönlich kein Haar gekrümmt, aber man war auch nicht geneigt, ihn weiter auf dem Thron zu belassen. Der Schachzug seiner Schwägerin, den jungen unverbrauchten Franz als Kaiser vorzuschlagen, war im Jahr der Revolution eine Meisterleistung. Erzherzogin Sophie war es nicht nur gelungen, den ohnehin regierungsunfähigen Schwager zum Rücktritt zu bewegen, sondern auch ihren ältesten Sohn auf den Kaiserthron zu hieven. Dass sie alles daran setzen musste, die Krone für Franz Joseph zu festigen, lag auf der Hand. Zusammen mit ihren engsten Beratern wurde alles getan, um diesen jungen Mann, der bisher in der Monarchie wenig in Erscheinung getreten war, in den Augen des Volkes zu erhöhen, ihn abzuheben von allem Gewöhnlichen. Als gekrönter Herrscher war er Kaiser von Gottes Gnaden und dies sollte dem einfachen Mann auf der Straße überall und jederzeit deutlich gemacht werden. Der Kaiser war kein Mensch wie du und ich, er stand über allem Irdischen. Und daher musste das althergebrachte Zeremoniell zu neuem Leben erweckt werden, mussten die Regeln, die in den letzten Jahren eher lax gehandhabt wurden, wieder streng beachtet werden. Da konnte auch für eine junge Kaiserin keine Ausnahme gemacht werden.

Franz Joseph, der als Achtzehnjähriger selbst mit seiner neuen Aufgabe überfordert war, unterschied streng zwischen dem, was männliche und weibliche Verpflichtungen zu sein hatten. Er dachte keine Sekunde daran, dass ein Leben ohne Verpflichtungen überhaupt existieren konnte, obwohl er den ungezwungenen Umgang in Possenhofen zu schätzen gelernt hatte. Er war viel zu fest im Familienverband verankert, hatte in allen wichtigen Dingen seines bisherigen Lebens seine »liebe Mama« als Ratgeberin, aber auch als Kritikerin zur Seite gehabt und war jetzt, da er eine eigene Entscheidung gegen den Willen seiner Mutter getroffen hatte, plötzlich ganz auf sich gestellt. Er hätte sich Gedanken machen müssen, wie sich seine junge Frau Schritt für Schritt an die neue Umgebung hätte gewöhnen können, er hätte ihr die Hintergründe all der Zeremoniellvorschriften erklären müssen. Das aber kam ihm nicht in den Sinn. Und so wurde Sisi schon während der Hochzeit und unmittelbar danach gleichsam ins kalte Wasser geworfen. Der Schock war tief und lebenslang. Auch wenn Elisabeth weniger sensibel gewesen wäre, wäre es ihr schwer gefallen, ohne ausreichende Erklärungen den Sinn der veralteten Welt, die sie am Kaiserhof vorfand, zu verstehen. Das unruhige Blut ihres Vaters, das sich mit aller Macht gegen die Vorschriften sträubte, die ihr tagaus tagein gemacht wurden, pulsierte in ihren Adern. Und es wurde ihr auch keine Zeit gegeben, sich auf eine Zukunft als Kaiserin vorzubereiten.

Elisabeth war durch die Werbung des Kaisers von Österreich und durch die Reaktion ihrer Mutter auf diesen Hei-

ratsantrag hin gleichsam überrumpelt worden. Niemals hatte sie auch nur im entferntesten mit dem Gedanken gespielt, die Schwester in Ischl auszustechen, um die Braut des begehrten Kaisers von Österreich zu werden. Sie war ein junges Mädchen, das ganz allmählich heimliche Gefühle für einen gewissen Richard Graf S. entwickelt hatte, für einen schönen Jüngling, den Sisi aus der Ferne angeschwärmt hatte. Diese ferne Liebe hatte tragisch geendet: Der junge Mann erkrankte plötzlich und starb innerhalb weniger Tage. Die kleine Sisi weinte heiße Tränen und schrieb, um ihren Schmerz für sich auszuleben, romantische kurze Gedichte, die sie aber niemandem zeigte.

Die unvermutete Werbung des Kaisers von Österreich um ihre Hand war für sie ein Schock. Sie kannte Franz Joseph kaum, hatte ab und zu etwas von ihm gehört, aber nicht mehr. Franz Joseph hatte sich in das natürlich heitere Mädchen Hals über Kopf verliebt. Und Sisi? Hatte sie überhaupt Zeit gehabt, einen vernünftigen Gedanken in dem Wirrwarr der Gefühle zu fassen? Innerhalb weniger Stunden stand fest, sie würde die Frau des Kaisers von Österreich werden, ohne Wenn und Aber, ohne großes Überlegen. Niemand wird ihre damaligen Gefühle heute noch ergründen können, denn auch wenn aus ihren späteren Gedichten nicht gerade ein überschwängliches Gefühl für Franz Joseph spricht, so muss man doch davon ausgehen, dass die Zeilen erst Jahre später zu Papier gebracht wurden. Und da lebte Elisabeth schon am Wiener Hof, Entscheidendes hatte sich verändert.

Das 16-jährige Mädchen war gleichsam über Nacht ohne

Vorbereitung dazu auserkoren worden, in einem halben Jahr Kaiserin von Österreich zu sein. In ihrer naiven Art fühlte sie sich sicherlich von der Werbung des Kaisers geschmeichelt, ob sie von sich aus so schnell seinen Heiratsantrag angenommen hätte, bleibt dahin gestellt. Aber »dem Kaiser von Österreich gibt man keinen Korb«, noch dazu, wenn er so attraktiv, jung und sympathisch war. Sisis Mutter drückte damit nur das aus, was jahrhundertelang in der Geschichte nicht nur der Habsburger gang und gäbe gewesen war, nämlich dass die Bräute der jeweiligen Herrscher kein Mitspracherecht hatten, wenn es um den Ehemann ging. Die junge Elisabeth hatte – betrachtet man die lange Leidensgeschichte der Frauen an der Seite von Königen und Kaisern – noch Glück gehabt, denn immerhin war Franz Joseph ein umschwärmter junger Mann, der nicht nur auf Grund seiner Stellung als Kaiser die Mädchenherzen höher schlagen ließ.

In der Herzogsfamilie in Possenhofen sah man die Zukunft Sisis unter unterschiedlichen Aspekten. War die Mutter Ludovika hochbeglückt über die hervorragende Partie, die die Tochter machen sollte, so war Herzog Max eher skeptisch, denn ihm stand vor Augen, dass Elisabeth unter die Fittiche der Schwägerin geraten würde. Die Schwester seiner Gemahlin sah in dem legeren, leichtlebigen Schwager einen undisziplinierten Menschen, der in den Tag hinein lebte. Dass von den Geschwistern Elisabeths gerade Nene unter der überraschenden Heirat ihrer Schwester leiden würde, war mehr als selbstverständlich, immerhin war sie in ganz Europa schon als Braut des

Kaisers gehandelt worden. Es würde lange dauern, bis der Makel der verschmähten Braut von dem jungen Mädchen genommen sein würde.

Schon die Brautzeit ließ Sisi ahnen, was einmal auf sie als Kaiserin zukommen würde. Die Tage waren vom Morgengrauen bis in die Nachtstunden angefüllt von Unterricht und Unterweisungen jeder Art, denn auch in Possenhofen hatte man erkannt, dass das Mädchen keineswegs, so wie es war, in Wien als Kaiserin auftreten konnte. Tanzmeister und Sprachlehrer für Französisch und Italienisch wurden engagiert, um Sisi in einer Art Schnellsiedekurs hoffähig zu machen und versäumtes Wissen nachzuholen.

Dazu sollte sie möglichst rasch Einblick in die österreichische Geschichte bekommen, denn als Kaiserin der Donaumonarchie ging es nicht an, über die vielen Völker, die in dem Riesenstaat vereinigt waren, nichts zu wissen. Graf Majláth, ein Ungar, war dazu ausgewählt worden, dem unbedarften Mädchen die komplizierten historischen Zusammenhänge zu erklären. Er erläuterte ihr, wie es möglich gewesen war, dass in den Jahrhunderten zuvor elf Völker allmählich unter die Herrschaft der Habsburger gelangt waren: weniger durch Kriege, als vielmehr durch Erbschaften, aber vor allem auch durch eine gut geplante Heiratspolitik, die bekanntlich zu dem Satz führte:»Bella gerant alii, tu Austria nube!« Was der beflissene Majláth damals noch nicht ahnen konnte, war die Tatsache, dass durch seinen Unterricht Elisabeth für die Magyaren ein besonderes Interesse zeigen sollte.

Die bisher gewohnte Freiheit Sisis wurde durch all diese Maßnahmen von einem Tag auf den anderen rigoros beschnitten, und die Geschwister brachten der Schwester nach der ersten Euphorie, dass der Kaiser von Österreich ihr Schwager werden sollte, beinahe Mitleid entgegen, als sie sahen, welches Lernpensum die arme Elisabeth zu absolvieren hatte. Aber was sein musste, musste sein, selbst der sonst so unkonventionell denkende Herzog Max gebot dem Treiben keinen Einhalt, schließlich sollte seine Tochter beim Eingewöhnen am Wiener Hof möglichst wenig Schwierigkeiten haben. Er kannte seine Schwägerin Sophie nur zu gut und wusste, dass sie Sisi bei aller Sympathie, die sie der Nichte entgegenbrachte, nicht mit Samthandschuhen anfassen würde, sollte das Mädchen offensichtliche Bildungslücken aufweisen.

Das junge Mädchen, das von heute auf morgen als Braut des begehrtesten Junggesellen Europas alle Aufmerksamkeit auf sich lenkte, musste sich sehr bald überfordert fühlen. Aber auch Elisabeth hatte sich, zwar nicht Hals über Kopf, aber auf ihre Weise in den feschen jungen Mann verliebt, sodass es ihr nicht unangenehm war, wenn Franz Joseph aller Welt zeigte, wie glücklich er war, sie gefunden zu haben. Es dauerte allerdings nicht lange, da fühlte sie Zweifel in sich aufkommen, ob es für sie möglich sein würde, all das, was man von ihr erwartete, erfüllen zu können. Von Woche zu Woche nahm ihre Heiterkeit ab, sie begann sich zurückzuziehen und ab und zu wirkte sie auf ihre Umgebung geradezu weinerlich. In den Augen ihrer Mutter nichts Unübliches für ein junges

Mädchen der damaligen Zeit, die ihrer Hochzeit entgegensah.

Nachdem Franz Joseph endlich wieder nach Wien an seinen Schreibtisch zurückgekehrt war, wurde er nicht müde, Sisi mit Geschenken zu überhäufen. Da er auf Grund der unruhigen politischen Lage nur ein paar Mal für kurze Zeit nach Possenhofen und München kommen konnte, schickte er der angebeteten Braut jede Menge kostbare Kleinigkeiten, um sie zu erfreuen. Schon in jungen Jahren war der Kaiser ein ausgesprochener Schmuckliebhaber, der persönlich für Elisabeth die Juwelen aussuchte, die er ihr zwischendurch, um ihr eine kleine Freude zu bereiten, übersandte.

Auch die zukünftige Schwiegermutter Erzherzogin Sophie unterließ es in dieser Zeit nicht, Sisi durch kleine Aufmerksamkeiten zu erfreuen. War Elisabeth zwar für die Mutter des Kaisers nicht gerade die erste Wahl, die der Sohn getroffen hatte, so fand sie sich – klug, wie sie war – damit ab, nicht Helene am Wiener Hof als Kaiserin zu haben, die in ihren Augen alle Anlagen zu einer echten Monarchin gehabt hätte.

Kurz nachdem der Hof nach Wien zurückgekehrt war, schickte Sophie der Braut ihres Sohnes ein paar nette Zeichnungen, für die sich Sisi sofort in herzlicher Art bedankte:

Possenhofen, den 29. September 1853

Liebste Tante,

es ist mir nicht möglich Dir zu sagen, wie unaussprech-

lich dankbar ich Dir bin für diese schönen Zeichnungen, die mir die glücklichsten Erinnerungen meines Lebens zurückrufen und die mir schon als ein Geschenk aus Deiner lieben Hand ewig wertvoll sein werden, wie auch für die freundlichen gnädigen Zeilen, die sie begleiten und die mich ungemein beglückten. Jetzt zähle ich schon mit Ungeduld die Tage bis zur Ankunft des Kaisers, denn wie sehr ich mich auf den Augenblick freue, ihn nach so langer Zeit wieder zu sehen, begreifst du wohl, liebe Tante, am besten.

Erlaube mir noch, liebste Tante, Dir nachträglich für die große Güte und Freundlichkeit zu danken, mit der Du mich in Ischl immer behandelt hast, und dich bittend, mich auch ferner lieb zu behalten, küsse ich mit Helene Deine und des Onkels liebe Hände, und verbleibe, liebe Tante

Deine dankbare, ergebene Nichte Sißi.[11]

Dieser Brief Elisabeths ist noch ganz im Stil eines jungen Mädchens geschrieben, das sich keine Vorstellungen von der Etikette am Wiener Hof machte. Ihr war es selbstverständlich, die Tante mit dem vertraulichen »Du« anzusprechen, das innerhalb der Possenhofener Familie gang und gäbe war. In ihrer naiven Art konnte sie sich nicht vorstellen, mit dem »Du« einen gewaltigen Faux-pas begangen zu haben, denn die strengen Regeln am Wiener Hof schrieben vor, dass selbst unter nahen Verwandten das förmliche Sie zu verwenden war. Auch der Kaiser hielt sich an diese verkrusteten Vorschriften, wie sie auch

in anderen Schichten üblich waren. Seinen Töchtern gegenüber machte Franz Joseph eine Ausnahme, ihnen war es erlaubt, den Vater mit dem vertraulichen »Du« anzusprechen, während seinem einzigen Sohn Rudolf nur das förmliche »Sie« gestattet war. Dass sich dadurch der Kronprinz seinen Schwestern gegenüber hintangesetzt fühlen musste, scheint nur zu selbstverständlich. Leider war das Verhältnis zwischen Vater und Sohn niemals so eng und innig wie zwischen Franz Joseph und seinen Töchtern Gisella (so schrieb der Kaiser den Namen seiner Tochter in den Briefen) und Marie Valerie, wofür es zahlreiche Dokumente gibt.

Wahrscheinlich wurde Sisi schon sehr bald über den Faux-pas, den sie in ihrem jugendlichen Überschwang ihrer zukünftigen Schwiegermutter gegenüber begangen hatte, aufgeklärt, denn schon ein Vierteljahr später hielt sie sich an die höfischen Vorschriften, als sie nach Weihnachten einen Brief an die Tante schrieb:

Liebste Tante,
erlauben Sie mir, Ihnen meinen innigsten Dank für die schönen frischen Rosen auszusprechen, die Mama mir in Ihrem Namen zu meiner Weihnachtsbescherung legte und die mich sehr freudig überraschten. Empfangen Sie auch, liebe Tante, meine besten, innigsten Wünsche zum neuen Jahr, das mich in Ihre liebe Nähe führen soll, und glauben Sie, liebe Tante, daß es immer mein sehnlichster Wunsch sein wird, mich der vielen Liebe, die sie mir stets bewiesen, würdig zu machen und daß ich mich freue, Ihnen eine

liebevolle Tochter zu werden und was in meinen Kräften steht, zum Glück Ihres Lebens beitragen zu dürfen.

Erhalten Sie stets, liebe Tante, Ihre nachsichtsvolle Liebe Ihrer ganz ergebenen

Nichte Sißi

München, 27. Dez. 1853[12]

Schon sehr bald allerdings änderte sich das Verhältnis der beiden Frauen zueinander – obwohl nach neuesten Erkenntnissen Erzherzogin Sophie keineswegs die böse Schwiegermutter gewesen sein soll, wie sie in der bisherigen Literatur immer dargestellt wird. Es kam sicherlich zu ernsthaften Spannungen, als es darum ging, dass die junge Frau das vorgeschriebene Hofzeremoniell einzuhalten hatte, auch als Gemahlin des Kaisers. Es konnte nicht angehen, dass Sisi ihre sehr freien Gewohnheiten beibehielt, sie wurde Tag und Nacht von Dutzenden Augen beobachtet, die darauf warteten, dass die junge Frau irgendeinen Fehler beging. Und das passierte nur allzu oft.

Ausgestattet mit einer eher dürftigen Aussteuer, die Franz Joseph noch etwas aufgebessert hatte, konnte Sisi im April 1854 auf Brautfahrt gehen. In der alten Stadt Straubing bestieg sie ein Schiff, das sie die Donau abwärts in ihre neue Heimat bringen sollte. Der verliebte Bräutigam erwartete sie überraschenderweise in Linz, um am nächsten Tag eilends nach Wien zurückzukehren, da er seine Braut offiziell in Nußdorf empfangen sollte. Die Donaufahrt der Braut erwies sich als nicht ganz ungefährlich, denn das Schiff geriet in den berüchtigten Strudel im

Strudengau, sodass man gerade noch mit heiler Haut an einer Katastrophe vorbei schlitterte.

Endlich war der Augenblick gekommen, auf den Tausende Wiener schon lange gewartet hatten. Das über und über mit roten Rosen geschmückte Schiff war schon von Weitem zu erkennen und alles sah gespannt der Ankunft der bayerischen Braut entgegen. Es waren zwiespältige Gedanken, die den wartenden Frauen und Männern durch den Kopf gingen. Einerseits war man dem jungen Kaiser nicht so ganz wohlgesonnen, er zeigte bei allen Gelegenheiten zu auffällig seine Vorliebe für das Militär, das überall präsent war, und das war etwas, was man im Volk nicht besonders goutierte. Der »rotbehoste Leutnant« hoch zu Roß erweckte keine allzu großen Sympathien, er war in vielen wichtigen Dingen von den Einflüsterungen seiner Mutter abhängig, zu sehr lastete man der Erzherzogin und ihren Beratern – dem Fürsten Metternich und dem Wiener Kardinal Rauscher – Strafmaßnahmen an, deren Folgen überall im Lande zu verspüren waren. Der junge Kaiser hatte sich bis jetzt zu sehr abgehoben gegeben, Volksnähe schien ihm fremd.

Aber mit seiner überraschenden Wahl hatte Franz Joseph plötzlich gezeigt, dass er ein junger Mann aus Fleisch und Blut war, der sich endlich einmal gegen den Willen seiner Mutter gestellt und selbst bestimmt hatte, wen er heiraten wollte.

Jubel brauste auf, als das Schiff vor Anker ging und Franz Joseph, das angesagte Protokoll missachtend, spontan auf das Schiff stürmte und wie ein ganz gewöhn-

licher junger Mann seine entzückende Braut in die Arme schloss und vor aller Welt küsste. Das war es, was die Wiener wollten! Unter dem Geläute sämtlicher Kirchenglocken, umbraust vom Beifall der Bevölkerung zog Sisi in die Stadt ein, in der sie sich Zeit ihres Lebens niemals wohl fühlen sollte.

Die letzten Tage vor der Hochzeit waren für das junge Mädchen strapaziös und ermüdend, Sisi bekam vermutlich schon damals einen Vorgeschmack darauf, was sie erwarten sollte. Mit gemischten Gefühler. sah sie daher ihrem Hochzeitstag entgegen, der sie bis an den Rand der Erschöpfung treiben sollte. Mit Schaudern dachte sie daran, dass sie als Braut im Mittelpunkt stehen würde, aber nicht wie bei einer kleinen Landhochzeit, bewundert von einem Dutzend Bekannten und Verwandten, nein, Tausende Wiener würden jeden ihrer Schritte, jeden ihrer Blicke und jedes Wort, das sie sprach, registrieren, kommentieren und kritisieren.

Franz Joseph sah in seiner Verliebtheit nicht, wie einsilbig und nachdenklich seine Braut geworden war, er erkannte nicht, dass sie sich eigentlich vor dem Hochzeitszeremoniell, das dann tatsächlich stundenlang dauerte, ängstigte. Dazu kam, dass die Gratulationscour, die den kirchlichen Feierlichkeiten folgte, kein Ende nahm. Man hatte nicht daran gedacht, Sisi in die Usancen bei Hof einzuweihen und ihr zu sagen, dass auch die älteste Dame vor ihr, der 16-jährigen Kaiserin, in die Knie zu sinken hatte, um ihr die Ehrerbietung zu zeigen. Peinlichst berührt von dieser Art der Demut verließ Elisabeth vor-

übergehend den Zeremoniensaal, um verweint zurückzukehren. Ihr Hochzeitstag war auf keinen Fall der schönste
Tag in ihrem Leben.

Die Tage und Nächte, die dem 24. April folgten, zeigten, dass die physischen und psychischen Strapazen zu
viel für die junge Frau wurden. Alles, was Sisi auf sich
zukommen sah, erzeugte in ihr Unsicherheit und Angst
vor dem Versagen und vor allem vor dem Alleinsein in
einer völlig fremden Umgebung. Franz Joseph hätte es
in Händen gehabt, seine geliebte Engels-Sisi behutsam
in ihre neue Welt einzuführen, ihr Vieles, was man von
ihr als Kaiserin erwartete, zu erklären und beizubringen,
aber in dem Pflichtübereifer, der ihn von Kindheit an
beseelte, unterbrach er seine tägliche Arbeit auch nach
der Hochzeit nicht. Schon in den frühen Morgenstunden
ließ er seine junge Frau im düsteren Schloss Laxenburg
zurück, um an seinen Schreibtisch zurückzukehren und
irgendwelche Akten zu unterzeichnen oder Audienzen zu
geben. Es waren versäumte Tage und Wochen, die für das
Kaiserpaar nicht mehr zurückzuholen waren, in denen
das gemeinsame Lebensglück schon zu Beginn einen gewaltigen Sprung bekam.

Elisabeth, die bis jetzt an ein lustiges Leben im Kreise
der Geschwister gewohnt war, blieb tagaus tagein allein
zurück. Die»liebe Mama« sollte sich im Auftrag des Kaisers tagsüber um Sisi kümmern und sie gleichzeitig über
ihre Pflichten als Kaiserin aufklären. Keine leichte Aufgabe
für eine Schwiegermutter. Auch wenn die Schwiegertochter nicht so mimosenhaft empfindlich wie Sisi gewesen

wäre, hätte Erzherzogin Sophie größte Schwierigkeiten gehabt, dem 16-jährigen Mädchen die oft unverständlichen Protokollregeln näher zu bringen. Alles, was für die Mutter des Kaisers in irgendeiner Weise einen Sinn hatte, wurde von der Schwiegertochter zwar nicht demonstrativ, aber doch innerlich abgelehnt. Dazu kam, dass die junge Frau sich vom gesamten Hof observiert fühlte, der nur darauf wartete, einen Verstoß gegen das offizielle Protokoll festzustellen. Hatte Sisi in ihrer spontanen Art die Handschuhe ausgezogen, weil sie ihr zu warm und unbequem gewesen waren, so wurde diese Abweichung vom Protokoll durch die Flüsterpropaganda in der gesamten Hofburg verbreitet. Eine Kaiserin mit blanken Händen wie eine Waschfrau!

Vieles, was offizielle Vorschrift war, konnte und wollte die junge Frau nicht einsehen. Schuhe und einzelne Kleidungsstücke durften nur eine bestimmte Zeit getragen werden, dann wurden sie aus den Garderobekästen entfernt. Aber gerade bei Schuhen zeigte sich die Kaiserin heikel, denn sie hasste alles, was unbequem war. Und wirklich angenehm wurde ein Paar Schuhe erst dann, wenn es länger getragen war. Darum weigerte sie sich beharrlich, den Forderungen statt zu geben, die besagten, dass gerade die bequemsten Schuhe durch neue ersetzt werden sollten.

Anfangs kämpfte Sisi noch um ihre Vorstellungen von einem menschlichen Leben am Kaiserhof und setzte sich ganz einfach über das Protokoll hinweg, in der Hoffnung, damit Neuerungen einführen zu können. Und sicher-

lich wären ihre Versuche von Erfolg begleitet gewesen, wenn sie ihre Vorstellungen und Wünsche mit allen ihr zur Verfügung stehenden Mitteln mit ihrem Gemahl besprochen und diskutiert hätte. Aber sie begann zunächst den Kampf mit Einzelaktionen. So verließ sie eines Tages – nur von einer Zofe begleitet – die Hofburg, um am Kohlmarkt Einkäufe zu tätigen. Es dauerte nicht lange, da hatte man die Kaiserin von Österreich erkannt, eine riesige Menschenmenge umgab sie in Windeseile, Polizisten versuchten, die Schaulustigen zu zerstreuen, denen der Mund offen stehen geblieben war. Denn so etwas hatte man schon lange nicht mehr gesehen, eine Kaiserin, die inmitten des Volkes wie ein gewöhnlicher Mensch einkaufen geht. Dass man bei Hofe alles andere als erfreut über diese Unternehmung war, lässt sich denken. Sisis Verhalten grenzte an einen Skandal.

Aber auch die junge Kaiserin hatte erkannt, dass es wohl für sie in Hinkunft nicht mehr möglich sein würde, sich wie seinerzeit zu Hause frei zu bewegen, wo immer man wollte. Wien war eben nicht Possenhofen. Seit diesem Vorfall war es Sisi nur mehr erlaubt, sich im Laxenburger Park nach Lust und Laune zu ergehen, allerdings wurde ihr auch dort klar, dass sie selbst hier nicht ihren Wünschen freien Lauf lassen konnte. Denn eines Tages nahm sie einige Kinder mit ins Schloss, die zufällig am Rand des Parks gespielt hatten. Elisabeth hatte sich natürlich nicht vorstellen können, dass gewöhnlichen Menschen der Zugang zum kaiserlichen Privatwohnsitz nicht erlaubt war.

Immer und überall, beinah zu jeder Tages- und Nachtstunde wurde die junge Frau von den Etikettevorschriften
verfolgt, die auch der Kaiser akzeptierte. Nur in einem
Punkt gab er seiner Frau recht: Er wollte mit ihr allein aus-
reiten, ohne Begleitung, nur sie beide. Daher verzichtete
er auch auf jegliche Hilfe beim Besteigen des Pferdes und
Sisi schwang sich ohnehin auf ihr Ross wie eine Amazone.
Auch die Ausfahrten in der Kutsche sollten weitgehend
eine absolut private Atmosphäre haben, Lakaien und Höf-
linge waren dabei nicht nötig. Für Elisabeth waren diese
Spazierfahrten ohnedies mehr als strapaziös, denn jeder
wollte die schöne Kaiserin in Augenschein nehmen, jeder wollte einen Blick von ihr erhaschen, sodass sie nicht
umhin konnte, sich ab und zu dem neugierigen Volk zu
zeigen. Was sie damals, als sie eher widerwillig den Menschen auf der Straße zuwinkte, nicht wusste, war, dass
man ausgerechnet in ihr eine Hoffnungsträgerin für eine
bessere Zukunft erblickte. Auf ihren Einfluss beim erz-
konservativen Kaiser bauten die Liberalen, sie würde in
ihrer jugendlichen Art die alte Verkrustung, in der sich die
Monarchie befand, aufbrechen, und eine neue Zeit würde
durch ihren Einfluss beginnen.

Was aber keiner wusste, war die Tatsache, dass Elisabeth
alles andere als eine Kämpfernatur war. Die Ideen, die sie
bewegten, waren nicht von heute auf morgen umzusetzen, es wäre ein langer Prozess gewesen, der sich bezahlt
gemacht hätte. Denn Sisi war die Frau, die die Welt aus
den Angeln hätte heben können – wenn, ja wenn diese
nicht für sie zu schwer erfahrbar gewesen wäre.

Denn schon sehr bald fühlte sie die goldene Krone als bleierne Last, die sie erdrücken würde.

Erst viel später – als sich Elisabeth längst vom Kaiserhof entfernt hatte, zeigte sie offen ihren Spott und ihre Ablehnung der Traditionen. Als blutjunge Frau hatte sie noch nicht die Rebellion gewagt und sich in die ihr auferlegten Repräsentationspflichten gefügt, obwohl sie das Aufsehen hasste, das ihre Person ständig hervorrief. Sie vermochte sich nicht in die Mentalität des Volkes einzufühlen, das immer wiederkehrende Zurschaugestellt-Werden war der jungen Kaiserin abgrundtief lästig. Erst im Jahre 1887 brachte sie folgende Zeilen zu Papier:

An die Gaffer.

Ich wollt', die Leute liessen mich
In Ruh' und ungeschoren,
Ich bin ja doch nur sicherlich
Ein Mensch, wie sie geboren.
Es tritt die Galle mir fast aus,
Wenn sie mich so fixieren;
Ich kröch' gern in ein Schneckenhaus
Und könnt' vor Wut krepieren.

Gewahr' ich gar ein Opernglas
Tückisch auf mich gerichtet,
Am liebsten sähe ich gleich das
Sammt der Person vernichtet.

Zu toll wird endlich mir der Spass;
Und nichts mehr soll mich hindern;
Ich drehe eine lange Nas
Und zeig ihnen den H...n.[13]

Die österreichische Kaiserin war eine Person öffentlichen Interesses, sie war ihren Untertanen verpflichtet, es war ihre Aufgabe, die Neugierde des Volkes zu befriedigen. Und das war das Letzte, was Sisi wollte.

Elisabeth musste aber nicht erst 50 Jahre alt werden, um sich endlich gegen das ununterbrochene Verfolgtwerden, gegen den Paparazzi-Voyeurismus, der schon in diesen Tagen unglaubliche Blüten trieb, zu wehren. Bevor sie sich noch bewusst vom Kaiserhof und seinem Zwang befreite, reagierte ihr Körper in einer Weise, die von niemandem vorhersehbar war. Die Psyche spielte wahrscheinlich die Hauptrolle bei der geheimnisvollen Krankheit, die sich die zugezogenen Ärzte kaum erklären konnten. Aber alles, was Elisabeth in den ersten Jahren ihrer Ehe bei Hofe erlebte, war dazu angetan, sie krank zu machen. Jeder ihrer Schritte, jeder Blick und jedes Wort wurden nicht nur auf den Hintertreppen, in den Fiakerkutschen und beim Heurigen kommentiert, auch die internationalen Gazetten berichteten begeistert alle möglichen Klatsch- und Tratschgeschichten rund um die schöne junge Kaiserin. Und je mehr Aufsehen sie in der Öffentlichkeit erregte, umso intensiver verstärkte sich ihr Wunsch, ein eigenes Leben führen zu können, aber immer noch zusammen mit ihrem Ehemann Franz Joseph.

Denn Sisi liebte ihren Mann aufrichtig. So zeigte sie sich zutiefst besorgt und von Herzen betrübt, als der Kaiser als Erster Soldat seines Reiches zu den Kriegsschauplätzen in Oberitalien eilte. In mehreren Briefen bat sie ihn inständig, ihn im Hauptquartier besuchen zu dürfen, sie sehnte sich nach seiner Nähe und seiner Liebe. Und obwohl Franz Joseph seine immer schöner werdende Frau abgöttisch liebte – und auch die drei Kinder, denen sie in nur vier Jahren das Leben geschenkt hatte –, kam für ihn ein Zusammentreffen in Italien nicht in Frage. Eine Frau, auch wenn sie Kaiserin war, hatte in einem Feldlager nichts zu suchen. Franz Joseph trennte streng seine privaten Gefühle von denen der Pflicht. Er beschäftigte sich wahrscheinlich viel zu wenig mit den Gemütsregungen seiner Frau, denn nur so ist zu erklären, dass er sich wohl nach allen Äußerlichkeiten erkundigte, aber nicht, wie es im Inneren seiner Frau aussah. Und je mehr sich Sisi vereinsamt fühlte, umso mehr zog sie sich auch von ihrem Gatten zurück. Schon sehr bald hatte sie erkannt, dass Franz Joseph nicht der Mann war, der sich absolut hinter sie und ihre Wünsche und vor allem nicht gegen seine Mutter stellte. In ihrer aufkommenden Melancholie dachte sie nicht darüber nach, dass es eigentlich für ihn unmöglich war, sich ganz auf ihre Seite zu stellen, hatte er doch letztlich alles, vor allem seine Position als Kaiser der »lieben Mama« zu verdanken.

Sisi fiel sicherlich auch in eine Krise, als ihre Kinder gleich nach der Geburt in die Obhut der Großmutter gegeben wurden, ohne dass man sie als Mutter gefragt

hatte, ob sie mit dieser Regelung einverstanden war. Es war für Erzherzogin Sophie eine Selbstverständlichkeit, die Kinder nicht von den Eltern erziehen zu lassen, sondern eine entsprechende Aja und einen Ajo, Personen ihres Vertrauens, auszuwählen, die die Entwicklung der Kinder überwachen sollten, wie dies bei den Habsburgern seit Generationen üblich war. Für Sisi, die an ein echtes Familienleben in Possenhofen gewohnt war, musste die Entscheidung ihrer Schwiegermutter wie ein Schlag ins Gesicht gewesen sein, den sie allerdings wortlos hinnahm. Sie hätte es wahrscheinlich bei ihrem Ehemann erreicht, dass die Kinder in ihrer Nähe bleiben konnten, hätte sie darum mit den ihr zur Verfügung stehenden Mitteln gekämpft. Aber sie entfernte sich innerlich von ihren Kindern, um nie mehr eine Beziehung zu ihnen aufbauen zu können, auch wenn die seltenen Briefe, die sie 1860 von der Insel Madeira schrieb, noch Worte einer Mutter an den kleinen Sohn enthalten

:

Mein lieber Rudolph,
Ich habe gehört, du warst ja ganz bös, daß ich Dir nicht auch geschrieben habe. Ich habe gedacht, Du wärest zu klein, um das zu verstehen, aber Du bist ja jetzt auch schon ganz vernünftig, ich werde Dir recht viele und schöne Spielsachen mitbringen. Erinnerst Du Dich denn noch ein wenig an mich?
Es küßt Dich innigst und von ganzem Herzen, mein liebes liebes Bubi

Deine Mama[14]

Das einzige Mal, als sich Sisi gegen die Schwiegermutter durchsetzte, endete in einer Katastrophe. Es ging darum, ihre beiden kleinen Töchter Sohpie und Gisela auf eine Reise nach Ungarn mitzunehmen. Elisabeth war es tatsächlich gelungen, den Kaiser zu überzeugen, dass sie als Mutter das erste Anrecht auf ihre Töchter hatte. Es war eine Unglückstour, denn die Kinder litten plötzlich an einer Darmerkrankung. Nachdem der besorgte Kaiser und seine Gemahlin die Ärzte eingehend konsultiert und die Spezialisten sie beruhigt hatten, setzte das Kaiserpaar seine Reise fort, die von großer politischer Bedeutung in dem immer noch unruhigen Ungarn war. Was keiner ahnen konnte, trat plötzlich ein: Sophies Zustand verschlechterte sich von Stunde zu Stunde – und als die eiligst herbeigerufenen Eltern eintrafen, war es zu spät. Weinend brach die junge Mutter am Totenbett ihres Kindes zusammen.

Dieses schreckliche Erlebnis sollte Elisabeth ein Leben lang nicht loslassen, sie war nicht imstande, irgendetwas zu verdrängen oder gar zu vergessen. Sie gab sich ungehemmt jedem Schmerz hin, an dem sie manchmal selbst ein gerüttelt Maß an Schuld trug, und zermartete sich mit Selbstvorwürfen. Denn als sie jahrelang nach dem Freitod ihres einzigen Sohnes als Mater Dolorosa nur in Schwarz gekleidet durch die Welt irrte, hätte sie sich ab und zu an die eigene Brust klopfen können, um sich einzugestehen, dass Rudolfs Schicksal vielleicht in ganz anderen Bahnen verlaufen wäre, hätte sie sich wie eine echte Mutter um den Buben und später um den Jüngling ausreichend ge-

kümmert. Sie hatte Augen und Ohren vor den Problemen des Sohnes verschlossen und nicht erkennen wollen, wie schlimm es um Rudolf stand.

Auch Franz Joseph trauerte in seiner Art um die kleine Tochter, ohne allerdings großes Aufhebens davon zu machen. Noch Jahrzehnte später brachte der Kaiser diese Trauer zum Ausdruck, als er auf einen Brief seiner Frau antwortete, in dem ihn Sisi an die glücklichen Tage erinnerte, die sie als kleine Familie in Mailand trotz der politischen Spannungen verbracht hatten. Am 31. März 1893 schickte Franz Joseph an seine irgendwo in Italien weilende Gemahlin folgende Zeilen:

Edes, szeretett lelkem,
Was Du von Mailand schreibst, hat mich sehr interessirt und alte Erinnerungen wieder wach gerufen. Ich kann mir denken, wie schön die Stadt geworden ist und wie der herrliche Dom Dir jetzt erst recht gefallen hat. Die Erinnerung an die Zimmer im Palazzo Reale und an unser liebes Baby hat mich recht wehmütig gestimmt. Wie viel Kummer und Schmerz liegt in den seither vergangenen beinahe 40 Jahren! Ich war lange Zeit nicht so melancholisch gestimmt, wie seit meiner Rückkehr von Territet. Es vergeht ein trauriger Tag um den anderen und nichts erfreuliches und erheiterndes.[15]

Noch aber war der Kaiser jung und voller Tatendrang. Und das war gut so. Denn in Italien rumorte es und der französische Kaiser setzte alles daran, die Einigungspläne,

die überall im Land verbreitet wurden, mit allen Mitteln zu unterstützen. Ein neuer Staat Italien bedeutete aber für die Habsburger den Verlust weiter Gebiete in Oberitalien, was Franz Joseph nicht ohne militärische Intervention hinnehmen konnte und wollte. Schon nach den ersten Kampfhandlungen war es für ihn klar geworden, dass er, von klein auf Militarist, sich höchstpersönlich auf den italienischen Kriegsschauplatz begeben sollte, um die Kampfesmoral der Truppen der Monarchie zu heben.

Sisi blieb allein in Wien, fühlte sich einsam und verlassen und begann ein Leben zu führen, das keineswegs dazu angetan war, die Zustimmung ihrer Schwiegermutter zu erlangen. Auch der ferne Gatte war äußerst besorgt um seine junge Frau, als ihm zu Ohren kam, dass Elisabeth die Nacht zum Tage machte, stundenlange Ritte meist im Galopp unternahm und sich obendrein nur ein Minimum an Nahrung gönnte. Nicht nur der eine Brief, den der Kaiser am 9. Juli 1859 aus Verona an seine Gemahlin schickte, drückt seine Sorge um ihr Wohlergehen aus:

Meine liebste Engels Sisi,
Für Deine lieben Briefe vom 3.4. und 5. danke ich Dir
ganz herzlich, so wie für die beruhigende Nachricht über
die Gesundheit unserer lieben Gisella. Du hast gewiß we-
gen ihr recht viel Angst ausgestanden, die ich leider nicht
mit Dir theilen konnte. Wie sehr ich mich nach Dir sehne
und wie ich mich wegen Dir ängstige, kann ich gar nicht
sagen. Ganz desparat macht mich die entsetzliche Lebens-
weise, die Du Dir angewöhnt hast und die Deine theuere

Gesundheit ganz zerstören muss. Ich beschwöre Dich, gebe dieses Leben gleich auf und schlafe bei der Nacht, die ja von der Natur zum Schlafen und nicht zum Lesen und Schreiben bestimmt ist. Reite auch nicht so viel und heftig. Schone Dich überhaupt recht, mir zu liebe, damit Du recht wohl bist, wenn ich, wie ich jetzt bestimmt hoffe, bald zurück komme. Es hat mir sehr leid gethan, daß es Dir unangenehm war, das ich geschrieben habe, ich müßte wegen der Geschäfte nach Wien zurück. Du kannst Dir wohl denken, dass mein einziger Drang zum Zurückkehren und meine einzige Freude dabei ist, Dich wieder zu umarmen, allein in einer Welt wie die Jetzige, darf man sich auch nicht von den Gefühlen des Herzens, wenn sie auch noch so stark sind, leiten lassen, sondern nur von dem Gefühl der Pflicht.

Ich umarme Dich und die Kinder in der sicheren Hoffnung bald bei Euch zu sein.

Dein treuer Franz[16]

Ob die übersensible junge Frau, die durch ihre unvernünftige Lebensweise ihre Nerven überstrapazierte, das Pflichtgefühl des fernen Ehemannes dem Staat, seinen Völkern und der Politik gegenüber nachvollziehen konnte?

Wenn sich auch Sisi in dieser Zeit noch nach ihrem Mann sehnte, so nahm dieses Gefühl bei ihr immer mehr ab, denn je mehr Zeit verstrich, umso einsamer fühlte sich der Kaiser.

Selbst die Vorfreude auf ein Wiedersehen nach einer langen Trennung war für ihn durch die Gedanken ge-

trübt, nach einigen glücklichen Tagen wieder allein sein zu müssen, wenn er schrieb:

Petersburg den 14. Februar 1874

Édes, szeretett lelkem,

Innigsten Dank für Dein Telegramm von Gestern Abend, das man mir Heute beim Erwachen übergab und das mich unendlich freute und beruhigte, denn auf diese ungeheuere Distanz ist es doch ein großer Trost, seine Lieben wohl zu wissen. Der runn hat also angefangen, ich bin aber noch nicht in der richtigen Sporting Stimmung und denke noch immer: Aussi möcht ich. Vielleicht wird es später besser, aber bis jetzt wirkt die 48 stündige Eisenbahnfahrt, der graue Himmel, das feuchte Klima, die monotone Schneefläche, die etwas düsteren, wenn gleich vortrefflichen Zimmer, in denen ich wohne, das ganze Gewurstel einer so zahlreichen und freundlichen Familie, mit einem Worte Alles noch etwas drückend auf meine Stimmung und mich beherrscht vor Allem eine unendliche Sehnsucht nach Euch und der lieben, viel schöneren Heimath.[17]

Elisabeth hatte eigentlich keinen Grund, sich über ihren Ehemann zu beklagen, denn wenn er in ihrer Nähe war, vergötterte er sie und las ihr jeden Wunsch von den Augen ab. Nur war er leider Gottes nur wenige Stunden des Tages für sie da. Und je mehr sie allein war, umso mehr sehnte sie sich nach der verlorenen Freiheit, die sie wie die Luft zum Atmen brauchte. Die eisige Atmosphäre, die um sie herum herrschte, machte sie krank. Viel später, als

sie ihre Seelenstimmungen zu Papier brachte, schrieb sie ein Gedicht, in dem sie all ihre Sehnsüchte und Wünsche der damaligen Zeit ausdrückte:

Ja, wenn ich der Dachstein wäre,
O der grossen Herrlichkeit!
Schaute stolz auf alle Meere,
Trotzte Zeit und Ewigkeit.

Sinnverwirrend, schön und blendend
Säss ich da in hehrer Pracht,
Donnernde Lawinen sendend,
Boten meiner wilden Macht.

Liess den Blick auch abwärts gleiten
Auf die Seen, klein und gross,
Die sich um die Ehre streiten
Meines Bilds in ihrem Schoss.
Und erst gar der Sonne Minnen,
Früh bis spät ihr tolles Glüh'n.
Grad als wäre sie von Sinnen,
Brennt und buhlt sie auf mich hin.

Und trotz allen heissen Küssen
Bleibt mein Eisherz starr und kalt;
Machtlos wird sie weichen müssen
Meines Frostes Allgewalt.

Vorwurfsvoll vor dem Versinken
Trifft ihr letzter Blick mich noch,
Lässt mich rosenrot erblinken,
Aber eisig bleib ich doch!

Hätt ich meine Weltschmerztage.
Meinen bösen alten Spleen
Würde ich mit einem Schlage
Dichte Nebel um mich zieh'n.

Und ich zeigt' den dummen Affen.
Juden, Christen tief im Thal,
Die nur zugereist zum Gaffen,
Meiner Schönheit keinen Strahl.

Doch die größte aller Wonnen,
Könnte ich der Dachstein sein,
Den Verwandten wär entronnen
Ich sammt ihrer ganzen Pein.
Drum, was ich dem Gletscher neide,
Ist, dass er verwandtenlos;
Ahnet nichts vom bitt'ren Leide,
Blühend im Familienschoss.

Ja, wenn ich der Dachstein wäre,
O der grössten Herrlichkeit!
Scherte mich auf meine Ehre,
Nie mehr um gewisse Leut'.[18]

77

Da sich Elisabeth Zeit ihres Lebens im Großen und Ganzen recht gut mit ihrer eigenen Familie in Bayern verstand, konnte sie mit den Verwandten in diesem seltsamen Gedicht nur die Wiener Verwandtschaft gemeint haben, dabei aber sicherlich nicht ihren zurückhaltenden Schwiegervater Erzherzog Franz Carl, der ganz im Schatten seiner starken Frau stand. Denn der Erzherzog lebte eher zurückgezogen, da sich seine Interessen nur auf einige wenige Gebiete beschränkten. Er führte ein Schattendasein in jeder Hinsicht, akzeptierte alles, was seine Gemahlin bestimmte, war ein liebevoller Großvater und ein nicht unangenehmer Schwiegervater, den Sisi im Grunde ihres Wesens bedauerte. Franz Carl hatte keine Chance gehabt, irgendetwas im Leben zu verwirklichen, denn einerseits stand ihm sein eher träger Charakter im Wege und andererseits konnte er seiner intelligenten Gattin nicht das Wasser reichen.

Die Situation am Kaiserhof war also alles in allem dazu angetan, dass Sisi irgendwann einmal ausbrechen musste, wollte sie nicht seelisch vollständig verkümmern. Und dieses Zerbrechen der Fesseln, die man ihr angelegt hatte, kam schneller, als es vor allem der Kaiser gedacht hatte. Schwerer Husten verbunden mit Fieberanfällen stellte sich schleichend ein, der Zustand der jungen Frau wurde von Woche zu Woche kritischer, ohne dass die zugezogenen Ärzte wirklich sagen konnten, woran die Kaiserin tatsächlich litt. An eine seelische Erkrankung dachte niemand.

Als alle verordneten Arzneien keine Wirkung zeigten

und die Hustenanfälle besorgniserregend wurden, erklärte man dem verzweifelten Kaiser, dass seine Gemahlin nur durch eine Luftveränderung gerettet werden konnte. Im milden ausgeglichenen Klima von Madeira – der Insel des ewigen Frühlings – sollte die Kaiserin ihre Gesundheit wieder erlangen.

Natürlich war Franz Joseph mit allem einverstanden, was man zum Wohle seiner geliebten Engels-Sisi vorschlug. Er konnte, als er seine Einwilligung zu dieser weiten Reise übers Meer gab, nicht ahnen, dass Elisabeth nie mehr zu ihm zurückkehren sollte!

Elisabeth – ein echter Single

Kaum eine Frau hätte in ihrer Epoche so viel Revolutionäres leisten können wie die Kaiserin von Österreich. Die Ideen der Französischen Revolution – Freiheit, Gleichheit, Brüderlichkeit – waren unterdrückt worden und in der Bevölkerung in Vergessenheit geraten. Die Frau hatte sich in der Gesellschaft des 19. Jahrhunderts dem Mann völlig unterzuordnen. In bürgerlichen Kreisen war ihr Platz hinter dem Herd, sie besorgte das Haus, hütete die Kinder, die in schöner Regelmäßigkeit zur Welt kamen, und sonntags war ihr der Weg in die Kirche gestattet. Lediglich in aristokratischen Kreisen fand man da und dort eine Dame, die ihrer eigenen Wege ging. Voraussetzung dazu war entweder ein fortschrittlich denkender Ehemann oder eine gehörige Portion Mut. Gang und gäbe zu dieser Zeit war das Duell, das zwar offiziell verboten war, aber immer noch in den frühen Morgenstunden bei Ehrvergehen praktiziert wurde.

Im 19. Jahrhundert wurde zudem mit zweierlei Maß gemessen. Denn über Sisis Vater Herzog Max, der eine stattliche uneheliche Kinderschar gezeugt hatte, wurde lediglich geschmunzelt. Den Stab allerdings brach man über seine Tochter Sophie Charlotte, als bekannt wurde, dass sie eine Liaison mit einem verheirateten Arzt eingegangen war. Sophie wurde sogar vorübergehend in ein Irrenhaus gebracht, als die Affäre ans Tageslicht kam, denn

nur eine Verrückte konnte so etwas tun. Dabei wollte sich der Arzt, ein gewisser Doktor Glaser, wegen Sophie scheiden lassen, um sie heiraten zu können. Das allerdings ging zu weit, denn solang die Beziehung die Privatangelegenheit zweier Menschen blieb, konnten sie tun, wie es ihnen beliebte. Ein geheimes Verhältnis ja, aber das offizielle Bekenntnis dazu wurde vor allem einer Frau nicht verziehen.

Wenn es ums Vertuschen ging, dann waren die Wittelsbacher nämlich Meister: Eine andere der Schwestern der Kaiserin, Marie, hatte zwar ein außereheliches Kind in Augsburg zur Welt gebracht, es war aber geglückt, die Affäre, die sie mit einem feschen Belgier gehabt hatte, zu verheimlichen. So als wäre nichts gewesen, kehrte Marie zu ihrem Ehemann nach Rom zurück, der den Mantel des Schweigens über die Untreue seiner Gemahlin breitete.

Aber auch über die Ehe der kaiserlichen Schwester wurde gemunkelt, allerdings war es keineswegs ratsam, entsprechende Bemerkungen in aller Öffentlichkeit zu machen. Denn unter einer Ehe stellte man sich wahrscheinlich damals wie auch heute etwas anderes vor, als das gelegentliche Beisammensein, wie es das Kaiserpaar pflegte. Man könnte heute mit Fug und Recht lediglich von einer Beziehung sprechen, wie sie in unseren Tagen üblich geworden ist, wobei es sicherlich nicht Franz Joseph anzulasten war, dass seine Gemahlin nur ab und zu ein kurzes Gastspiel in Wien gab. Die Sorge um seine geliebte Frau war es gewesen, durch die er zu allen Konzessionen, die Sisi von ihm abverlangt hatte, bereit gewe-

sen war. Obzwar aus den Briefen des Kaisers hervorgeht, dass Elisabeth in den ersten Jahren ihrer Ehe tatsächlich ihren Mann geliebt hatte, erkaltete diese Liebe innerhalb kurzer Zeit. Anfangs sehnte sie sich noch nach ihm und schrieb ihm Liebesbriefe, in denen sie ihn bat, ihr die Erlaubnis zu erteilen, ihn in Oberitalien, wo er sich an der Front aufhielt, besuchen zu dürfen. Obwohl der Kaiser sicherlich nichts lieber gehabt hätte, als seine schöne Frau in den Armen zu halten, war es für ihn als Oberbefehlshaber der Armee unvorstellbar, Sisi mitten unter den Soldaten zu sehen. Franz Joseph schrieb am 2. Juni 1859 aus Verona:

Mein lieber armer Engel!
Heute früh habe ich Deine beiden lieben Briefe vom 29t.
Und 30t. Erhalten, für die ich Dir innigst danke. Ich bin
immer so unendlich glücklich wenn ich etwas von Dir höre
und doch haben mich Deine Briefe und die aus denselben
ersichtliche traurige Stimmung sehr betrübt. Ich kann lei-
der Deinem Wunsche für jetzt nicht entsprechen, so end-
lich gerne ich es thäte. In das bewegte Hauptquartiersleben
passen keine Frauen, ich kann meiner Armee nicht mit
schlechtem Beispiel voran gehen, auch weiß ich selbst gar
nicht, wie lange ich hier bleibe. Wenn die, jetzt noch sehr
verwickelten Angelegenheiten sich etwas klären, dann
wird es Zeit sein, weitere Bestimmungen zu treffen. Übri-
gens kannst Du für mich ganz ohne Sorge sein, ich habe
alle Versprechen, die ich Dir gemacht habe, in frischem
Angedenken, ich lebe sehr mäßig, wir haben nur Suppe,

Rindfleisch, Braten und Mehlspeise zum Essen, ich gehe an die Luft und schlafe viel und gut. Überhaupt ruhe ich hier von den vielen Sorgen und Qualen der letzten Tage in Wien sehr gut aus. Ich bitte Dich, mein Engel, wenn Du mich lieb hast, so gräme Dich nicht so sehr, schone Dich, zerstreue Dich recht viel, reite, fahre mit Maß und Vorsicht und erhalte mir Deine liebe kostbare Gesundheit, damit, wenn ich zurückkomme, ich Dich recht wohl finde und wir recht glücklich sein können.«

Dein ewig treuer Franz[19]

Liebe, Sehnsucht und Treue sprechen aus den Zeilen des jungen Ehemannes, er antwortete auf einen Brief seiner jungen Frau, die wahrscheinlich ähnliche Worte gebraucht hatte. Wann es wirklich zum intimen Bruch der beiden gekommen war, lässt sich nicht mehr genau feststellen. Jedenfalls war Sisis Flucht in die Krankheit, deren Ursache kein Arzt so richtig erklären konnte, so zu sehen. In den langen Tagen und Wochen auf Madeira, wohin die junge Kaiserin auf Anraten der Mediziner geschickt worden war, kam Sisi anscheinend ihre Lage am Wiener Hof erst richtig zu Bewusstsein. Man forderte tagtäglich etwas von ihr, was sie nicht geben konnte: Sie hatte an der Seite ihres Gemahls eine Rolle zu spielen, die ihr in keiner Weise auf den Leib geschrieben war. Sie war, nach den kurzen Versuchen, am Leben ihres Mannes wirklich teilzuhaben, mit ihren Vorstellungen gescheitert. Einzig und allein im Ausgleich mit Ungarn hatte sie bei Franz Joseph erreicht, dass er sich ihren Ideen anschloss. Danach war

ihr Interesse an jeglicher Politik vollständig erloschen, da sie sich gegen die Ratschläge der Schwiegermutter an ihren Sohn nicht durchsetzen konnte. Dabei wäre es wahrscheinlich für die weitere Entwicklung der Monarchie von Vorteil gewesen, hätte der Kaiser ab und zu seine junge Frau um Rat gefragt, da ihre liberalen Ideen dem Trend der Zeit entsprochen hatten.

Aber Franz Joseph war selbst noch zu unerfahren, zu wenig flexibel und zu konservativ erzogen worden, als dass er sich den aufgeschlossenen Ideen seiner Frau hätte öffnen können. Sisi wurde ins Abseits gedrängt, in dem sie zu verkümmern drohte. Und schon bald bildete sie sich ein, dass man sie am Kaiserhof auf den Status einer Gebärmaschine herabwürdigte, wie es die Habsburger Monarchinnen vor ihr gewesen waren. Und dies war das letzte, was die körperbezogene junge Frau wollte. Immerhin hatte sie mit ihren kaum 20 Jahren drei Kinder geboren, sie hatte Kaiser und Reich einen Sohn und Erben geschenkt und damit ihre Pflicht als Kaiserin erfüllt. Jede weitere Schwangerschaft bedeutete für sie nicht nur einen vorübergehenden Verlust ihrer guten Figur, sie brachte auch alle möglichen Einschränkungen mit sich, die Elisabeth auf keinen Fall mehr hinnehmen wollte.

Dass sich das Verhältnis zwischen den Ehegatten durch ihren Rückzug aus allen von der höfischen Etikette verlangten Verpflichtungen nicht zum Besten gestalten konnte, liegt auf der Hand. Je mehr Elisabeth begann, ein Eigenleben zu führen, umso mehr konzentrierte sich der Kaiser auf seine Arbeit, auf die Jagd und ab und zu

auch auf andere Frauen. Nirgendwo auf der Welt und zu keiner Zeit bedeutet es für einen Ehepartner eine angenehme Überraschung, wenn er plötzlich feststellen muss, dass der geliebte Mensch Freuden außerhalb des Ehebettes sucht. Für Elisabeth, die auch nach der Geburt ihrer Kinder noch reichlich naiv gewesen sein musste, war die Erkenntnis ein Schock gewesen, dass Franz Joseph bei anderen Damen das suchte, was sie ihm zu verwehren begann. Niemals hatte sie sich vorstellen können, dass der Mann, der ihr tagtäglich seine Liebe versicherte, hinter ihrem Rücken nicht nur eine Liaison mit einer polnischen Gräfin hatte, die für beide Teile nicht ohne Folgen bleiben sollte. Sie konnte niemals einsehen, dass sie selbst durch ihr abweisendes Verhalten ihren Ehemann in die Arme einer anderen getrieben hatte. Die reine Anbetung seiner Engels-Sisi genügte dem leidenschaftlichen jungen Mann einfach nicht mehr.

Wahrscheinlich drangen die Gerüchte über die Untreue ihres Mannes nicht bis ans Ohr der Kaiserin. Denn in der damaligen Zeit hatten die Ehemänner ihre Abenteuer höchst diskret. Und da Franz Joseph als Kaiser noch vorsichtiger als alle anderen Männer sein musste, hätte Sisi sicherlich nichts von der Affäre erfahren, wären nicht die Folgen für sie höchst unangenehm gewesen. Denn sie wurde plötzlich von sehr schmerzhaften Schwellungen an den Ellenbogen- und Kniegelenken befallen, für die die beiden kaiserlichen Ärzte Doktor Johann Seeburger und Doktor Josef Skoda keine Erklärung finden konnten. Ein zugezogener Arzt in der Schweiz, den die Kaiserin

inkognito aufsuchte, konstatierte hingegen eindeutig eine venerische Erkrankung. Und da Sisi niemals auf die Idee eines Seitensprunges gekommen war, konnte nur ihr eigener Ehemann sie angesteckt haben.

Wie das Gespräch zwischen den beiden Eheleuten verlief, nachdem die Kaiserin diese Diagnose, die sie zutiefst erschütterte, erfahren hatte, ist nicht bekannt. Für Sisi war eine Welt zerbrochen. In ihrer grenzenlosen Enttäuschung wusste sie, dass Franz Joseph die Konsequenzen für sein Tun ein Leben lang zu spüren bekommen würde. Nicht nur, dass Sisi in den nächsten Wochen und Monaten von einer Krankheit in die andere fiel, die die Ärzte trotz aller Bemühungen nicht in den Griff bekamen, da sie höchstwahrscheinlich psychischer Natur war, magerte die Kaiserin zusehends ab und litt an hysterischen Weinkrämpfen. Da sie sich in Wien von niemandem helfen lassen wollte, empfahlen Seeburger und sein Kollege Skoda dringend Tapetenwechsel. Die junge Frau musste in einer anderen Umgebung auf andere Gedanken kommen. Da nützte auch ein Aufenthalt in Possenhofen wenig, wo ihr die Mutter, Herzogin Ludovika in ihrer lebensnahen Art die Leviten für ihr hysterisches Verhalten gelesen hatte. Denn Ludovika erkannte, dass ihre Tochter in keiner Weise ihren Pflichten als Kaiserin und Mutter nachkam, und sich von einem Schmerz in den anderen treiben ließ, ohne zu überlegen, warum es zu all den unschönen Dingen gekommen war, an denen sie litt. Der Mutter hatte Sisi das Herz ausgeschüttet und gehofft, Verständnis zu finden. Aber wie hätte die Herzogin die Tochter trösten sollen,

sie, für die die ungezählten Seitensprünge ihres Mannes zur Alltäglichkeit geworden waren? Männer waren eben so – dies war der Standpunkt Ludovikas im Lauf ihres Lebens geworden, und sie hoffte, dass die Tochter dies auch einmal einsehen würde. Von Sisi allerdings war so eine Erkenntnis niemals zu erwarten, denn für sie war die Beleidigung ihrer Person durch Franz Joseph abgrundtief, ihr Ehemann würde niemals Verzeihung und Vergebung finden, denn das waren zwei Eigenschaften, die Elisabeth nicht kannte. Für sie gab es kein Vergessen, selbst der kleinste Faux-pas wurde von ihr peinlichst genau registriert und bei den entsprechenden Gelegenheiten immer aufs Neue dem Betreffenden vorgehalten.

Elisabeth empfand sich selbst schon in jungen Jahren als unfehlbar und nahm sich das Recht heraus, über andere den Stab zu brechen. Franz Joseph hatte durch seine Affäre, die für ihn sicherlich nicht mehr als ein sexuelles Abenteuer bedeutete, die Liebe seiner Frau verloren, die er nie mehr wieder so zurück bekommen sollte, auch wenn er ihr alles ermöglichte, die rührendsten, sehnsuchtsvollsten Briefe schrieb und ihr immer wieder seine ungeteilte Liebe versicherte. Er hatte keine Chance. Selbst der kurze Liebesfrühling nach dem Ausgleich mit Ungarn konnte ihn nicht darüber hinwegtäuschen, dass seine schöne Frau eigentlich in körperlicher Hinsicht nichts mehr für ihnempfand.

Man hat bei der Analyse von Sisis Persönlichkeit viel über ihr sexuelles Verhalten gerätselt, hat alle möglichen Hypothesen aufgestellt, auch die, dass sie sich vielleicht

eher zu Frauen hingezogen gefühlt hatte als zu Männern. Wahrscheinlich wird man auch in späteren Zeiten keine festen Aussagen zu diesem Thema machen können, denn einige Männer in ihrem Leben schienen sie doch mehr als beeindruckt zu haben wie der »Schöne Gehenkte« Graf Gyula Andrássy oder der draufgängerische Bay Middleton. Über eine intime Beziehung zu beiden kursierten nicht nur in Ungarn oder in England diverse Gerüchte, über die auch die jüngste Tochter Marie Valerie in ihrem Tagebuch berichtete. Aber seltsamerweise war der Kaiser auf keinen der beiden Verehrer eifersüchtig. Er kannte seine kühle Frau zu genau, um zu wissen, dass Sisi es liebte, verehrt, angebetet und vielleicht auch begehrt zu werden. Aber echte leidenschaftliche Gefühle waren Elisabeth fremd geworden.

In einem ihrer Gedichte kommt zum Ausdruck, was in ihr vorgegangen sein mag:

Zerstört.

I

O sprich mir nicht von jenen Stunden,
Wo wir einander angehört;
Mit ihrem Glück sind sie entschwunden,
Und unser Eden ist zerstört.
Doch wird ihr Angedenken leben,
Bis Ruhe uns der Tod gegeben.

Vermöchten wir je zu vergessen,
Dass ich dir meine Seele gab,

Dass du mein Alles mir gewesen,
Und ich dir Treue schwor zum Grab?
Ich sah im Aug' dir Liebe glühen,
Ein Lächeln deinen Mund umziehen.

Wenn ich an deine Brust mich lehnte,
Wie tief und innig war der Blick,
In dem mein Paradies ich wähnte,
Wie warm schlug dir mein Herz zurück –
Wie weltvergessend wir uns küssten,
Als ob wir Seelen tauschen müssten!

Ich sah die schwarzen Wimpern senken
Dich über deines Auges Glanz,
Als wolltest unbelauscht versenken
In deinem Glücke du dich ganz,
Es war mein Trachten nur, mein Streben,
Dich immer süßer zu umweben.

Dass unsre Liebe neu erblühte,
So träumte mir in dieser Nacht;
Und doch ist ob der wilden Mythe
Ein Klang in meinem Herz erwacht;
Wird es nie ganz die Ketten sprengen?
Soll nichts dein Bild daraus verdrängen.

Drum lass mich niemals, niemals hören
Von Stunden, die auf ewig floh'n,
Die nimmermehr uns zwei gehören

Und deren Seligkeit jetzt Hohn;
Denn, dass wir einstmals uns besessen,
Bedeckt der Tod nur mit Vergessen.

II
Ich brauch' die Zeit dir nicht zu nennen,
Die uns so innig einst vereint,
Und die wir nie vergessen können,
So endlos fern sie jetzt auch scheint.

Gedenkst du jener süßen Stunde,
Wo ich aus willenlosem Leib
Die Seele dir geküsst vom Munde,
Dass sie fortan stets mein nur bleib?

Wohl hatt' ich Kämpfe zu bestehen,
Und manches bittre Leid seither;
doch unsre Liebe sterben sehen,
Nichts andres traf mein Herz so schwer.[20]

Schon sehr bald sollte sich zeigen, dass Sisi nur einen einzigen Menschen auf dieser Erde mit allen Fasern ihres Wesens liebte. Und das war sie selbst. Sie stellte gleichsam einen weiblichen Narziss dar.

Nachdem es bei Hofe beschlossene Sache war, dass die kranke Kaiserin irgendwo im Süden Erholung und Gesundung finden sollte, wurde die Insel Madeira als Aufenthaltsort vorgeschlagen, wohin Sisi mit kleinem Gefolge über Antwerpen reiste.

Es war die erste Seereise Elisabeths, die sich nur für sie interessant und spannend gestaltete. Denn der Atlantik zeigte sich im November von seiner schlechtesten Seite, sodass sich alle außer der Kaiserin – seekrank wie sie waren – nichts sehnlicher als einen schnellen Tod in den haushohen Wellen wünschten. Sisi war die einzige, die die Seefahrt in vollen Zügen genoss und sie beschloss, obwohl ihr Gefolge nicht in der Lage war, die üblichen Dienste zu verrichten, dass dies nicht die letzte Schiffsreise in ihrem Leben sein sollte.

Was sich die Ärzte, die die Kaiserin physisch und vor allem psychisch betreuten, erhofft hatten, trat schon sehr bald ein. Sisi begann sich zusehends nicht nur zu erholen, sondern sie entwickelte sich zu einer blühend schönen jungen Frau, die das Leben zu genießen begann, ohne allerdings ihren Ehemann und die Kinder all zu sehr zu vermissen.

Eigentlich gab es für sie nur einen einzigen Wermutstropfen in der Idylle von Madeira: Sie wusste, dass sie nicht ewig auf der Blumeninsel bleiben konnte, eines Tages hieß es für sie wieder in das graue Wien, in die düstere Hofburg, in den Kreis der Familie zurückkehren, vor allem in das Ehebett zu ihrem Mann, der sie sehnlichst erwartete. Eine entsetzliche Vorstellung für die junge Kaiserin, die sich nach langer Zeit so richtig inmitten ihrer Bewunderer wohl fühlte. Daher führte sie alle möglichen Argumente an, um eine baldige Heimreise zu vermeiden. Als aber das Drängen des Kaisers immer heftiger wurde, der seine Frau in der Nähe haben wollte und Sisi aufbre-

chen musste, beschloss sie, möglichst bald wieder in den Süden zurückzukehren.

Ihr Aufenthalt in Wien war daher nur ein kurzes Gastspiel. Denn kaum war sie in der Hofburg, befiel sie wieder das Gefühl der Enge und des Eingesperrtseins, sodass sie sich aufs Neue in eine Krankheit flüchtete. Sie zog sich zurück und fühlte sich viel zu matt, um an den gemeinsamen Mahlzeiten teilnehmen zu können. Um ihre beiden Kinder Gisela und Rudolf kümmerte sie sich kaum, sie waren ihr ohnedies in ihrer langen Abwesenheit fremd geworden. Außerdem hatte sie niemals eine echte Beziehung zu Kleinkindern entwickelt, ja ihr Geruch stieß sie schon ab. Sie beschäftigte sich viel lieber mit ihren Hunden oder ihren Pferden, am liebsten aber mit sich selbst.

Dabei war es ihr einerlei, wie man in ihrer nächsten Umgebung über sie dachte, es interessierte sie nicht, was die Hofschranzen flüsterten und wie sehr sich die Wiener Bevölkerung über die stets abwesende Kaiserin mokierte. Sie hatte sich ohnedies nicht sehr viel aus der anfänglichen Zuneigung der Wiener gemacht, die man ihr überall, wohin sie als junge schöne Frau gekommen war, entgegen gebracht hatte. Die Aufmerksamkeit des Volkes, die sie auf Schritt und Tritt erlebt hatte, war ihr so lästig gewesen, dass sie zu provozieren begann, wo sie nur konnte. Alle Mittel waren ihr recht, um den einfachen Mann auf der Straße, aber auch die versnobte adelige Gesellschaft zu schockieren. So ging beispielsweise die Nachricht von Mund zu Mund, man hätte die österreichische Kaiserin bei einer Ausfahrt in den Prater genüsslich rauchen gese-

hen. Jetzt konnte die Welt nicht mehr lange stehen, was schon der in Wien so populäre Johann Nestroy in seinen Couplets immer wieder ankündigte. Das war es, was Sisi wollte, sie hatte niemals die Absicht gehabt, eine Kaiserin wie aus dem Bilderbuch zu sein, nein, ihr war im Grunde genommen die hohe und höchste Gesellschaft in der Seele zuwider, ihnen, aber auch dem einfachen Volk wollte sie demonstrieren, dass es noch andere Lebensformen gab.

Man kann sich vorstellen, dass die Kunde von diesem Faux pas der Kaiserin wie ein Lauffeuer die Runde in der gesamten Donau-Monarchie machte, denn eine in aller Öffentlichkeit rauchende Kaiserin war für die Gesellschaft des 19. Jahrhunderts absolut undenkbar. Klatsch und Tratsch über andere Marotten Elisabeths – wahre und frei erfundene – machten die Runde und sie wurde zur Femme fatale, was sie aber im Grunde ihres Herzens weder war noch sein wollte. Ihr Verhalten fand Nachahmerinnen allerdings nur unter den Damen der gehobenen Gesellschaft, die ihr Streben nach Unabhängigkeit, nach Emanzipation demonstrieren wollten. Elisabeth interessierte es in keiner Weise, was andere über sie dachten, ob man sie imitierte oder nicht. Über eines war sie sich schon lange im Klaren, dass sie sich bei der Wiener Bevölkerung äußerst unbeliebt gemacht hatte, was in erster Linie mit ihrer Liebe zu Ungarn zusammenhing, die sie bei jeder Gelegenheit zeigte. Die Wiener empfanden dies geradezu als persönliche Beleidigung, hatte man doch insgeheim gehofft, frischer Wind würde durch ihre Anwesenheit in die muffigen Räume der Hofburg einziehen. Aber keine

der Prognosen wurde Wirklichkeit, im Gegenteil, immer mehr bemitleidete man den biederen, arbeitsamen Kaiser, dem die Wiener nach den Ereignissen von 1848 ursprünglich gar nicht so viel Sympathie entgegengebracht hatten. Schließlich war das zur Sparsamkeit und Reduzierung auf das Häusliche verdammte Wien einem Kaiser gegenüber eher skeptisch, der zwar selbst bereits im Morgengrauen an seinem Schreibtisch saß, die Akten studierte, täglich Dutzende Audienzen gab und ein bescheidenes Leben führte, aber das verschwenderische Treiben seiner Gemahlin voll finanzierte. Andererseits bedauerte man den einsamen jungen Kaiser, denn man wusste, wie sehr er seine Engels-Sisi liebte.

Elisabeth aber hatte ihr Ziel rundum erreicht, man kümmerte sich in Wien wenig um sie und ihr eigener Ehemann ließ sie weitgehend in Ruhe. Anders allerdings gestaltete sich ihr Aufenthalt in Ungarn. Kaum war bekannt, dass die geliebte Erszebet einige Zeit in Budapest oder auf Schloss Gödöllö verbringen wollte, verbreitete sich die Nachricht wie ein Lauffeuer. Dicht gedrängt standen die Menschen an den Straßen und jubelten auch noch nach Jahren wie eh und je ihrer schönen Königin zu. Und was Elisabeth sonst ganz und gar verabscheute, in Ungarn liebte sie das Aufsehen, das sie erregte, die Popularität und das Interesse, das sie erweckte. Diesem Volk hatte sie nicht nur durch ihren einzigen politischen Einsatz geholfen, diese temperamentvollen Menschen liebte sie. Schloss Gödöllö war für sie zu einer zweiten Heimat geworden, hier verbrachte sie zusammengenommen mehr Zeit als in all den

Schloss Gödöllő, Gemälde von Ludwig Rohbock

Jahren in Wien. Hierher lud sie Freunde und Verwandte ein, denn in dem Schloss am Rande der Puszta führte sie ein höchst privates Leben.

Da Elisabeth auch in Gödöllő wenig Sehnsucht nach ihrem Ehemann und den Kindern empfand, fragte sich so mancher, wie es wohl um das Familienleben am österreichischen Kaiserhof bestellt war. »Schlecht«, könnte man als einzige Antwort geben, wenn sich nicht die Eltern Franz Josephs, allen voran aber Erzherzogin Sophie um die beiden älteren Kinder rührend gekümmert hätten. Sie vermochte Gisela und Rudolf in vielerlei Hinsicht die ewig ferne Mutter weitgehend zu ersetzen, sodass die Kinder zwar die Mutter vermissten, aber dennoch beinahe in einer richtigen Familie aufwuchsen. Traurig stand

es vor allem um den einsamen Ehemann, der in seinen vielen Briefen schmerzlich die Abwesenheit seiner geliebten Frau, der er nach wie vor zu Füßen lag, bedauerte. Vermisste Sisi ihre beiden älteren Kinder kaum, so verspürte sie anscheinend doch dann und wann ein wenig schlechtes Gewissen, wenn sie an ihren fernen Ehemann dachte. Sie empfand kein Gefühl mehr für ihn, den sie einst geliebt hatte.

Denn nur so ist es zu verstehen, dass sie selbst ihrem eigenen Mann eine Dame zuführte, die von Franz Joseph nur als »die Freundin« und bei Hofe als die »gnädige Frau« bezeichnet wurde.

Auf Katharina Schratt, eine blühend aussehende, junge Schauspielerin, die unglücklich mit einem Mann namens Kiss verheiratet war, wurde der Kaiser bei verschiedenen Aufführungen des Wiener Burgtheaters aufmerksam. Und als einige Schauspielerinnen zu einem Treffen mit dem russischen Zaren nach Kremsier eingeladen wurden, war auch Katharina Schratt dabei. Man wollte dieser Zusammenkunft der beiden Kaiser einen etwas lockereren Anstrich geben, indem die Schauspielerinnen gebeten wurden, Rezitationen abzuhalten und kleinere Stücke zum Besten zu geben. Die hohen Herrschaften, unter denen sich auch der österreichische Kronprinz Rudolf befand, amüsierten sich bestens, vor allem der Zar von Russland war von der bezaubernden Schratt so hingerissen, dass er ihr ein prachtvolles Schmuckstück schenkte, wahrscheinlich in der Hoffnung, dass sich die junge Frau auf ihre Weise bedanken würde. Kaiserin Elisabeth, die

ausnahmsweise bei diesem Treffen anwesend war, beobachtete nicht nur Zar Alexander, sondern auch ihren Ehemann während des Abends und bemerkte, dass Franz Joseph nicht nur Augen für Katharina hatte, sondern auch ausgesprochen indigniert auf das Angebot des Zaren an die Damen vom Theater reagierte, sie zu einem privaten Souper mit ihm einzuladen, bei dem er sie noch näher kennen lernen wollte.

Inwieweit Sisi damals, nach der unverzeihlichen Affäre ihres Mannes mit der polnischen Gräfin von den anderen diversen Liaisonen ihres Mannes gewusst hatte, ist nicht bekannt. Der Kaiser hatte jahrelang ein heimliches Verhältnis mit Anna Nahovsky, einer eher primitiven Person, die über ihre Beziehung zu Franz Joseph ein eigenes Tagebuch führte, in dem sie ihre höchst intimen Zusammenkünfte mit dem österreichischen Kaiser, die meist in den frühen Morgenstunden stattgefunden hatten, in allen Details beschrieb. Als allerdings Katharina Schratt durch die Vermittlung der Kaiserin zur Begleiterin von Franz Joseph avancierte, beendete der Kaiser beinah von heute auf morgen diese rein sexuelle Affäre. Anna Nahovsky wurde fürstlich abgefunden, auf höchsten Befehl erhielt sie ein so hohes »Schmerzensgeld« für ihre Dienste, aber auch für eine Tochter, die untrüglich ein Kind des Kaisers war, dass sie sich drei Villen in Hietzing von der Barschaft hätte kaufen können und zusammen mit ihrem Ehemann, der von der Beziehung seiner Frau gewusst hatte, weiterhin ohne Sorgen leben konnte.

Kaiserin Elisabeth war ein Leben lang für Überraschun-

gen gut. Aber alle, die an die Launen Sisis gewöhnt waren, mag es doch mehr als seltsam angemutet haben, dass die Kaiserin die Schauspielerin Katharina Schratt gebeten hatte, sich für den Kaiser malen zu lassen. Die eigene Ehefrau schenkte ihrem Ehemann ein Portrait der Schauspielerin zum Geburtstag – von der sie wusste, dass ihr Gemahl ein Auge auf die attraktive junge Frau geworfen hatte. Ein wahrlich seltsamer Einfall!

Nur eine Frau ohne den geringsten Funken sexuellen Interesses an ihrem Mann konnte so etwas übers Herz bringen. Aber wahrscheinlich war der ständig einsame Franz Joseph glücklich darüber, dass sich »seine Engels-Sisi« in so großzügiger Art und Weise seiner erbarmte, was hatte er doch für eine rührend besorgte Frau!

Natürlich bestand die Ehe zu dieser Zeit für Sisi nur noch auf dem Papier, schon lange vorher hatte sie sich immer öfter über die Unsinnigkeit dieser Institution geäußert, sodass eigentlich niemand an diesem merkwürdigen »Geschenk«wirklichen Anstoß nahm Nur die jüngste Tochter Marie Valerie bedauerte des öfteren in ihrem Tagebuch die Beziehung ihres Vaters zu Katharina Schratt, da sie nicht wahrhaben wollte, dass sich die Eltern nur noch herzlich wenig zu sagen hatten und nur dann glücklich schienen, wenn sie weit voneinander getrennt waren. Sie sah aber in der »Freundin« trotzdem einen Störenfried innerhalb der Familie und konnte zu Katharina nicht die geringste Beziehung aufbauen, obwohl sie wusste, dass diese ihrem Vater die einsamen Stunden – in welcher Weise auch immer – verschönte.

Obwohl Sisi die Ehe als unsinnige Einrichtung ansah, drängte sie dennoch darauf, ihre ältere Tochter Gisela möglichst schnell zu verheiraten, vielleicht um Gisela endgültig aus ihrem Blickfeld in Wien zu bekommen. Dabei machte sich die Mutter nicht die Mühe, die Tochter nach ihren Wünschen zu fragen, der von ihr auserwählte Prinz Leopold von Bayern wurde lediglich nach Wien eingeladen, nachdem die Angelegenheit in München geregelt worden war. Dann lernten die beiden jungen Leute einander kurz kennen und schon stand nach der Verlobungsfeier der Hochzeitstermin fest. Niemand fragte nach den Empfindungen des jungen Mädchen, Elisabeth war es völlig gleichgültig, ob Gisela und Leopold einander wenigstens sympathisch fanden oder nicht. Kühl bis ans Herz hinan wurde über die Köpfe der betroffenen Personen entschieden. Gisela hatte jedoch mit Leopold einigermaßen Glück, was vor allem auch ihrer Gutmütigkeit, die sie ein Leben lang auszeichnete, zuzuschreiben war.

Bei Marie Valerie, Sisis »Einziger«, war die Sache ganz anders. Ihrer Lieblingstochter hatte die Kaiserin schon in sehr jungen Jahren erklärt, dass sie einmal heiraten könnte, wen sie wollte, auch wenn sie sich in einen Rauchfangkehrer verlieben sollte. Und wie man den toleranten Kaiser kannte, hätte seine Gemahlin auch eine derartige Wahl bei ihm für Valerie durchgesetzt, obwohl Franz Joseph, je älter er wurde, immer mehr die Standesschranken verschärfte. Als die Tochter sich tatsächlich dann verliebte, war die Mutter bestürzt und entsetzt, denn sie konnte sich nicht einmal in ihren tristesten Träumen vorstellen,

ihre geliebte »Einzige« an einen Mann zu verlieren. Tief deprimiert verfasste sie ein Gedicht, das sie »An mein Kind« betitelte:

Verliebt! Verliebt! Und folglich dumm;
Ich kann dich nur bedauern.
Lang geh ich schon hienieden um,
Mich macht die Liebe schauern.

Doch meinem treuen Rate bleibt
Dein Ohr taub und verschlossen,
Was Knospen in dem Herzchen treibt,
Das will nun blüh'n und sprossen.

Was nutzt es, dass ich Mutter ward,
Und dir zur Lieb entsagte
Dem Leben, wo nach Feenart
Ich wild die Welt durchjagte?

Fort zieht es dich aus meiner Näh
Zu jenem blassen Knaben,
Trotzdem ich ehrlich dir gesteh',
Ich möchte ihn nicht haben.

Du siehst im Geiste um dich herausgekommen
Der Kinder zwölf schon wogen,
Zwölf Rotznäschen liebst du dann mehr
Als mich, die dich verzogen.

Die Lieb ist dumm, die Lieb ist blind!
So steht's im Schicksalsbuche,
Du musst nun ebenfalls, mein Kind,
Dich beugen diesem Fluche.

Ich aber breite trauernd aus
Die weiten weißen Schwingen,
Und kehr' ins Feenreich nach Haus –
Nichts soll mich wieder bringen.[21]

Elisabeth hatte Marie Valerie zwar zwölf »Rotznäschen«
angekündigt, die Tochter beließ es aber bei zehn, eine
Anzahl von Kindern, die der Mutter für sich selbst undenkbar gewesen wäre. Ganz anders Franz Joseph: Er
liebte seine Enkelkinder und berichtete über ihr Wohl und
Weh und ihren Werdegang in den vielen Briefen, die er
an seine ferne Gemahlin schrieb. Ob Sisi sich wirklich für
die langen eindrucksvollen Schilderungen interessierte,
bleibt dahingestellt, denn sie selbst war nur ganz selten
Gast im Hause ihrer älteren Tochter Gisela in München,
ja sie hatte so wenig Beziehung zu ihr, dass sie nicht nur
Giselas erstes Kind als Abgrund tief hässlich bezeichnete, sondern sogar Mutter und Kinder mit Schweinen ver-
glich. Zynisch, wie sie in der Beurteilung anderer war,
fand auch die junge Braut ihres einzigen Sohnes Rudolf
vor ihren Augen keine Gnade. Sie bezeichnete Stephanie
als belgisches Trampeltier, mit dem sie keinerlei Kontakt
haben wollte.

Selbst zu den Kindern ihrer »Einzigen« verband sie keine

wirkliche Beziehung, sie verzieh Marie Valerie vermutlich nicht, dass sie geheiratet und sie daher verlassen hatte.

Sie hatte keinerlei Bedürfnis, Familienbande zu verstärken, im Gegenteil, auch die Verbindung zu ihren Geschwistern, die zu Beginn ihrer Ehe noch sehr intensiv gewesen war, lockerte sich im Laufe der Zeit, auch durch bestimmte Vorkommnisse, die die Kaiserin immer den Brüdern und Schwestern anlastete, ohne darüber nachzudenken, dass ihr eigenes Verhalten genügend Anlass zu Beleidigungen hätte geben können. Und da sie sich selbst gegenüber äußerst unkritisch war, lag die Schuld für irgendwelche Unstimmigkeiten immer bei den anderen – vergessen und verzeihen gab es für Sisi niemals.

Wäre dies in einer Zeit, die von Restitution und oktroyierter Verfassung geprägt war, möglich gewesen, hätte sich die Kaiserin vielleicht – wie später Diana und andere Mitglieder des englischen Königshauses – scheiden lassen. Aber Franz Joseph war kein Charles, wenngleich er auch über längere Zeit hinweg das eine oder andere Verhältnis gehabt hatte. Nur so war es zu erklären, dass er die lange Abwesenheit seiner schönen Frau duldete, denn wahrscheinlich mied Elisabeth das Ehebett auch während ihrer kurzen Aufenthalte in Wien. Dabei war schon allein ihr Nachtritual dazu angetan, nicht unbedingt die leidenschaftliche Bettgenossin irgendeines Mannes zu sein. Denn ihr üppiges, langes Haar wurde jede Nacht in einer eigenen Zeremonie zu Bett getragen und gleichmäßig über die Matratze verteilt, damit es nur ja nicht durcheinander geriet. Es ist auch nicht anzunehmen, dass sich Franz Jo-

seph an einer Frau erfreut hätte, die sich drei- bis viermal wöchentlich nächtens nasse Tücher um Taille und Hüften legen ließ, um diese Körperregionen besonders schlank zu erhalten.

In einigen ihrer Gedichte kam ihre abgrundtiefe Abneigung gegen die Institution der Ehe zum Ausdruck, auch ihr seltsames Verhältnis zu ihrem Ehemann drückte die Kaiserin, die sich in ihrer Fantasiewelt gerne als Titania und den Kaiser als Oberon sah, in Versen aus:

Was Ob'ron treibt, das kümmert nicht Titanien,
Ihr Grundsatz ist: Einander nicht genieren.
Frisst Einer Disteln gerne und Kastanien,
Sie selbst will sie ihm sogar offrieren.[22]

Lediglich nach dem Ausgleich mit Ungarn, der einzigen politischen Aktion, zu der sich Sisi wie gesagt im Laufe von Jahrzehnten durch ihre Begeisterung für das ungarische Volk hatte hinreißen lassen, kam es kurzfristig zu normalen Beziehungen zwischen den Eheleuten. So verdankte die jüngste Tochter Marie Valerie diesem flüchtigen zweiten Honigmond ihr Leben. Es war wahrscheinlich nicht Leidenschaft, die Sisi bewog, vorübergehend die eiserne Bettstatt ihres Gemahls zu teilen, sondern der sonderbare Gedanke, dem ungarischen Volk einen eigenen Sohn zu schenken, der einmal König von Ungarn werden sollte. Marie Valerie war daher ein Wunschkind Sisis. Elisabeth wusste nämlich genau, wie lange sie ein geregeltes Eheleben führen musste, um schwanger zu werden. Und da der

Sohn in Budapest zur Welt kommen sollte, blieb sie zur Entbindung des Kindes in Ungarn, etwas, was ihr wiederum von der Wiener Bevölkerung äußerst verübelt wurde. Daher war die Schadenfreude allseits groß, als nicht ein Sohn, sondern eine Tochter das Licht der Welt erblickte, die »Einzige« oder das »ungarische Kind«, der absolute Liebling seiner Mutter.

Elisabeth zeigte allen von Anfang an, dass nur diese Tochter für sie zählte, dass sie dieses Kind allein aufziehen wollte und niemand – auch nicht der Vater – irgendeinen Anspruch auf Marie Valeries erheben durfte. Dabei übersah Sisi vollständig, dass sie die Tochter durch ihre beinah hysterischen Gefühle einengte und sie umklammerte, sodass Valerie, vor allem als sie älter wurde, immer wieder versuchte, die Liebe der Mutter in normale Bahnen zu lenken, denn sie bemerkte bald, dass sie dem geduldigen, bescheidenen Vater mehr zugetan war als ihrer überdrehten Mutter. Es grenzte beinah an ein Wunder, dass die ältere Gisela der jüngeren Schwester gegenüber immer liebevoll und verständnisvoll war und nie einen Funken von Eifersucht zeigte. Anders verhielt es sich bei ihrem Bruder Rudolf, der seine schöne Mutter über alles liebte, der ihre Zuneigung suchte und der so oft zurückgestoßen worden war. Er lastete es Valerie an, ihm die Liebe der Mutter gestohlen zu haben, obwohl die Schwester nicht das Geringste dazu beigetragen hatte. Elisabeth war sich wahrscheinlich nicht darüber im Klaren, was sie tat, als sie dieses spät geborene Kind so sehr an sich zog. Aber wen sie sich als vermeintliches Liebesobjekt ausge-

sucht hatte, der kam so leicht nicht davon, den wollte sie ein Leben lang besitzen. Sie sah es geradezu als Frevel an, wenn einer, den sie meinte zu lieben, die Absicht hatte, eigene Wege zu gehen. So zerbrach die innige Beziehung, die sie zu Bay Middleton aufgebaut hatte, von einem Tag auf den anderen, als sie erfuhr, dass Middleton den Plan hatte zu heiraten. Es war Verrat an ihr, an der Kaiserin, an der Reitgefährtin, aber vor allem an ihr als Frau, dass Bay es wagte, auf so einen Gedanken zu kommen.

Bei ihren Hofdamen hatte Sisi mit ihrer charmanten Umklammerungstaktik mehr Glück gehabt, ihnen hatte sie jeden interessanten Bewerber ausreden können, sodass sowohl Ida Ferenczy, als auch Marie Festetics und schließlich noch Irma Sztáray alle Chancen verpassten, einen Ehemann zu bekommen, und als alte Jungfern die Kaiserin überlebten. Elisabeth brauchte keinen Mann, also sollten die ihr untergebenen Damen auch nur an ihrer Seite durchs Leben gehen.

Dass eine Frau alle Entscheidungen, die sich auf ihr Leben bezogen, allein traf, ist heutzutage nicht mehr verwunderlich – damals allerdings, milde ausgedrückt, ungewöhnlich. Blickt man auf die Kaiserin von Österreich, so ist ihr Ehemann bewundernswert, denn schließlich schlug er seiner Engels-Sisi keinen noch so absurden Wunsch ab. Dennoch kann man Elisabeth nicht als »Emanze« im heutigen Sinn bezeichnen. Sie hätte mit ihrer Art zu leben Vorreiterin sein können, hätte den Frauen ihrer Zeit, die in keiner Weise selbstständig waren, aufzeigen können, wo ihre Möglichkeiten lägen. Natürlich waren ihre

Lebensformen nicht für die von früh bis spät schuftenden Weberinnen in den schlesischen Industriegebieten oder für die bettelarmen Ziegelarbeiterinnen geeignet, aber schon im Bürgertum hätte die Kaiserin ein Umdenken veranlassen können. Sie hätte die Situation der Hälfte der Bevölkerung grundlegend verändern können, wenn sie sich nur ein wenig umgesehen hätte, wenn ihr Blick nicht ausschließlich auf sich selbst gerichtet gewesen wäre. Das tägliche Messen ihres Taillenumfanges, des Umfanges ihrer Waden und Hüften war ihr wichtiger als alles andere. Und wehe, wenn die Waage nach einem »Sündenmahl« ein paar Gramm mehr anzeigte als das festgesetzte Limit von 50 Kilo. Es hätte wahrscheinlich die Welt um sie untergehen können, für Sisi stand nur eines fest: Die nächsten Tage würden wieder absolute Hungertage für sie sein.

Sisi hatte in ihrer egozentrischen Art den Wink des Schicksals nicht verstanden, der ihr angedeutet hatte, was sie alles erreichen konnte, wenn sie nur wollte und sich für eine Sache einsetzte. Denn Franz Joseph war bis ins hohe Alter Wachs in ihren Händen, er konnte ihrem Charme und ihren Bitten nicht widerstehen. Er war schon beim Ausgleich mit Ungarn über seinen eigenen Schatten gesprungen. Es war allein Elisabeths Verdienst gewesen, dass der Kaiser überhaupt Kontakt mit den Vertretern der ungarischen Politik aufnahm, dass er den ursprünglich zum Tode verurteilten, den »Schönen Gehenkten« Gyula Andrássy empfing. Aber die »Schöne Vorsehung« hatte alles, was in ihrer Macht stand, aufgeboten, um das

*Irma Sztáray, Hofdame
der Kaiserin*

Schicksal des ungarischen Volkes, zu dem sie aus reiner
Opposition zu ihrer Schwiegermutter ungewöhnlich viel
Sympathie empfand, zum Guten zu wenden, obgleich
man in der Nachschau geteilter Meinung über den Nut-
zen des Ausgleichs sein kann.

Aber zunächst einmal wurden Franz Joseph und vor
allem Sisi bei der Krönung in Budapest frenetisch gefeiert, wobei natürlich die Kaiserin absolut im Mittelpunkt
stand. Man wusste, wem man den plötzlichen Wandel in
der Politik zu verdanken hatte, und zeigte dies auch mit
Tausenden von Eljen Erszebet-Rufen.

Vielleicht keimte auch in den anderen Ländern der Monarchie die Hoffnung auf, die Kaiserin möge Einfluss auf
die streng konservative Politik nehmen, denn da und dort
war durchgedrungen, dass Sisi liberale Gedanken hegte

und als Freundin der Republik galt, so wie später ihr Sohn Rudolf. Man wusste allenthalben, dass dieser Zweig der Wittelsbacher, dem Elisabeth entstammte, anders dachte und handelte als die meisten Adeligen in Europa. Was man aber bei allen Spekulationen, die weiteren Handlungen der Kaiserin betreffend, nicht bedachte, war die Tatsache, dass Elisabeth zwar die Monarchie in ihren alten Strukturen ablehnte, dass sie aber kein Interesse hatte, ihre Ideen einzubringen und in die Tat umzusetzen. Es war letztlich die Tragik ihres Lebens, dass sie untätig blieb und nicht als Frau von morgen demonstrativ handelte.

Wahrscheinlich war Erzherzogin Sophie die Einzige gewesen, die die Schwiegertochter von Anfang an richtig eingeschätzt hatte. Sie versuchte noch zu retten, was zu retten war, blieb aber mit ihren manchmal sicherlich falschen Erziehungsmaßnahmen auf der Strecke. Sie bewirkte nur, dass Sisi nie aus einer Art pubertären Verhalten herausfand, dass sie trotzig wie ein Kind alle ihre persönlichen Wünsche durchsetzen wollte, ohne Rücksicht auf Familie, Ehegatten, Geld oder Ansehen des Kaiserhauses.

Wegen Sisis Schönheit war es nicht erstaunlich, dass die Gerüchte über vermeintliche Liebesaffären der Kaiserin nicht verstummen wollten. Bedenkt man aber ihren narzisstischen Charakter, so ist es unvorstellbar, dass irgendeiner ihrer Anbeter Erhörung bei ihr gefunden hätte. Weder der feurige Gyula Andrássy noch der charmante Naturbursch Bay Middleton oder einer ihrer ungarischen Verehrer kamen für Sisi in Frage, wenn auch ihre Nichte Marie Wallersee-Larisch in ihren Memoiren Andeutungen

über geheime intime Beziehungen machte. Dabei scheinen die Namen Esterházy und Batthyány genauso auf wie Bay Middleton, der auf Einladung der Kaiserin sogar einige Zeit in Ungarn weilte und sie auch in Bayern traf.

Auch der geheimnisvolle Fritz Pacher List von Theinburg, mit dem die Kaiserin viele Jahre hindurch in Briefwechsel stand, war für sie nur der Kavalier einer Faschingsnacht. Auf einem Ball verkleidete sie sich als »gelber Domino«, um unerkannt an dem fröhlichen Treiben teilhaben zu können. An diesem Abend hatte sie den jungen Mann, kennen gelernt und fühlte sie unerkannt. Je länger das Fest dauerte, umso mehr steigerte sie sich in ein romantisches Abenteuer hinein, das sie weiter aufrecht hielt. So ließ sie einige ihrer Briefe an Pacher von Theinburg sogar in Südamerika aufgeben, um den Empfänger der Schreiben über ihre Identität im Unklaren zu halten. Dass Fritz Pacher von Theinburg von allem Anfang an vermutete, dass es sich bei »Gabriele«, wie sich die Kaiserin in ihren Briefen nannte, um Elisabeth gehandelt hatte, teilte er ihr erst viel später mit.

Wahrscheinlich genügte es der Kaiserin, als schönste Frau Europas zu gelten, der die Verehrer in Scharen zu Füßen lagen. Das Bewusstsein, begehrt zu werden und doch unerreichbar zu sein, bedeutete ihr mehr als jede Affäre. Denn dass ein egozentrischer Mensch zur Liebe nicht geboren sein kann, empfand sie wahrscheinlich sogar selbst. In ihrem Gedicht »Titanias Klage« brachte sie diese Gedanken in Verse:

Nun wandl' ich einsamen Pfades
Schon manches lange Jahr;
Es weilt nicht einmal im Hades
Einer, der mir was war![23]

Umgeben von ihren treuen Hofdamen war es ihr selbstgewähltes Los, allein durchs Leben zu gehen. Dabei vermisste sie keinen Mann, am allerwenigsten den eigenen, den sie, weilte sie in Wien, meist nicht allzu freundlich behandelte. Aber Franz Joseph nahm die Launen seiner exzentrischen Frau geduldig hin und bedauerte jedes Mal aufs Neue, dass sie nicht länger bei ihm bleiben wollte. Zwar empfand Elisabeth einen gewissen Abschiedsschmerz, der sie aber keineswegs hinderte, die meiste Zeit des Jahres ohne ihren Gemahl zu verbringen. Manchmal waren die beiden monatelang von einander getrennt. Der Kaiser konnte Wien und seine Verpflichtungen als Regent eines Riesenreiches nicht mir nichts dir nichts verlassen. Sisi hätte den Schritt auf ihn zu tun müssen, wozu sie aber nicht die geringste Absicht hatte. Franz Joseph hatte ja die Schratt, die ihn umsorgen und unterhalten sollte. Da Elisabeth wusste, was die junge Frau dem alternden Kaiser bedeutete, breitete sie über die Schauspielerin schützend ihre Arme aus, sodass niemand es wagte, über die gemeinsame »Freundin« üble Dinge in die Welt zu setzen. Katharina Schratt stand als »Begleiterin des Kaisers« unter dem persönlichen Schutz der Kaiserin.

Sisi benötigte für ihr persönliches Leben weder Männer noch Frauen, sie war ein überzeugter Single. Sie hatte

eine Lebensform für sich gewählt, die eigentlich in größerem Stil erst eineinhalb Jahrhunderte später in Mode kommen sollte.

Im Laufschritt durchs Leben

Nicht bloß in einer olympischen Disziplin wäre die sportliche Kaiserin als Siegerin hervorgegangen und mit einer Goldmedaille ausgezeichnet worden, hätte es in der zweiten Hälfte des 19. Jahrhunderts diese sportlichen Wettbewerbe gegeben. Denn auch nach den heutigen Wettkampfbestimmungen für Dressurreiten, den Vielseitigkeitsbewerb und den Marathon-Lauf hätte Elisabeth hervorragende Chancen gehabt, überall ihre Konkurrenten weit hinter sich zu lassen. Und den Paparazzi aus aller Welt hätte die schöne Kaiserin ein beliebtes Motiv abgegeben – ob in klobigen Bergschuhen auf den höchsten Gipfeln der Alpen oder im knappen Badeanzug am Meeresstrand.

Die Kaiserin hätte einen sensationellen Medienstar abgegeben, nicht nur auf Grund ihrer hohen Stellung, sondern weil ihre überschlanke Figur und ihr reizvolles Gesicht genau den Vorstellungen von Schönheit unserer Zeit entsprechen. Dazu kamen ihre weit überdurchschnittlichen sportlichen Leistungen, die alle anderen Kontrahenten in den Schatten stellten, denn selbst für so manchen durchtrainierten Leistungssportler von heute wäre es schwierig, Sisi das Wasser zu reichen, was ihr Bewegungstalent betraf. Sie war ihrer Zeit um ein Jahrhundert voraus, nicht nur, was ihre körperlichen Leistungen anbelangte, sondern auch ihre Trainingsmethoden. Sie passte so gar nicht ins 19. Jahrhundert, das von einem ganz anderen Frau-

entyp geprägt war: Üppige Formen waren gefragt, mollig war modern.

Als junges unerfahrenes unsicheres Mädchen war Elisabeth an den Wiener Hof gekommen, wo man versuchte, sie – wie es der Tradition entsprach – in ein starres Korsett zu pressen, nicht nur physisch, sondern auch psychisch. Aber schon bald fühlte die junge Frau, dass man sie zu eng geschnürt hatte, dass sie keine Luft mehr zum Atmen fand. Dennoch mussten noch Jahre vergehen, bis es ihr schließlich gelang, sich aus den Fesseln, die man ihr angelegt hatte, zu befreien. Sie hatte die Möglichkeit dazu, was anderen Frauen ihrer Zeit aus vielerlei Gründen verwehrt war.

Durch ihre Heirat mit dem österreichischen Kaiser standen Sisi alle Türen nicht nur in der Monarchie offen, sie konnte ein Luxusdasein führen, ohne lang darüber nachdenken zu müssen, woher das Geld kam, das sie mit vollen Händen ausgab. Wahrscheinlich hatte sie sich im Lauf ihres Lebens niemals ernsthafte Gedanken darüber gemacht, dass es auch andere Lebensformen gab, wenngleich sie sich ab und zu bemüßigt fühlte, ein Krankenhaus oder eine Irrenanstalt zu besuchen. Der Kampf ums tägliche Brot, ums Überleben war ihr so fremd wie die Vorstellung, dass sie der eigene Ehemann mit einer anderen Frau betrügen könnte. Sie lebte in einer Welt der Illusion, die sie sich als junges Mädchen aufgebaut hatte und die sie ein Leben lang zu erhalten suchte.

Nachdem sie ihren Protest gegen die ihr sinnlos erscheinenden Traditionen und einengenden Vorschriften beim

Kaiser durchgesetzt hatte, war es ihr möglich, jahrzehntelang das zu tun, wonach ihr der Sinn stand. Denn sie war nicht zur Kaiserin geboren. Weder ihr Ehemann, der in seiner großen Verehrung für sie langmütig versuchte, sie dazu zu bewegen, ihre Pflichten an seiner Seite zu erfüllen, und erst recht nicht die Schwiegermutter, die von allem Anfang an die Absicht gehabt hatte, Elisabeth in ihr politisches Konzept einzubeziehen, konnten erreichen, dass Sisi sich bereit erklärte, für längere Zeit in Wien ihren Aufgaben nachzukommen. Abwechslung war das, was sie suchte, ohne allerdings dadurch eine wirkliche Befriedigung zu finden. Es hielt sie niemals lang an einem Ort, auch wenn er ihr vorübergehend noch so sehr gefiel, ruhelos in ihrem Denken und Handeln, reiste sie in der Welt umher, ständig in Bewegung und rastlos. Ihr Bewegungsbedürfnis artete in Bewegungshunger aus, den sie tagtäglich zu stillen suchte, wobei sie aber jedweden Blick für ein mittleres Maß verlor.

Die Kaiserin entstammte einer sportlichen Familie, in der nicht nur Reiten und Wandern auf der Tagesordnung standen, sondern vor allem in den Sommermonaten Schwimmen und Rudern im Starnberger See. Es war um die Mitte des 19. Jahrhunderts durchaus denkbar, zumindest in den privilegierten Schichten, dass junge Leute schwimmen lernten. Aber auf keinen Fall Mädchen! Gestattete man in den gehobenen Adelskreisen den Söhnen den Besuch eines Schwimmbades, so war dies noch jahrzehntelang für die Töchter aus bestem Hause ein Tabu. Aber für Herzog Max galten keine Normen, wer was wann

Kaiserin Elisabeth, die selbstbewusste Frau

zu tun und zu lassen hatte. Und daher bestimmte er, dass alle seine Kinder schwimmen lernen sollten. Manchmal waren allerdings die Methoden allzu drastisch, denn sein Sohn Karl Theodor wäre beinahe vor den Augen seiner Kinderfrau ertrunken.

Das Spielen am See war nun einmal für die Herzogskinder zu verlockend, und die Boote, die überall am Ufer vertäut waren, luden zum Rudern ein. Daher war es eine

Selbstverständlichkeit für Sisi und ihre Geschwister, an schönen Sommertagen mitten in den Starnberger See hinaus zu rudern oder den schönen kleinen Vetter Ludwig auf der Roseninsel, wo der König von Bayern ein idyllisches Schlösschen besaß, zu besuchen. Ludwig war stets hoch erfreut, wenn er das Boot sichtete, das aus Possenhofen über den See kam, denn er wusste, in den kommenden Stunden würde es lustig und fidel zugehen, man sprang ins klare Wasser, spielte Abfangen und ab und zu tauchte man den anderen unter, bis dieser kreischend und prustend wieder auftauchte. Keiner der fröhlichen jungen Leute konnte damals ahnen, dass das Schicksal Ludwigs, des späteren Königs, sich auf so tragische Weise im Starnberger See erfüllen würde.

All diese sportlichen Aktivitäten, die die Kinder- und frühe Jugendzeit verschönten, verdankten Sisi und ihre Geschwister ausschließlich dem Vater, denn die Mutter sah eher mit scheelen Blicken auf das wilde Treiben, das so gar nicht »lady-like« war, denn immerhin sollten die Töchter einmal in die entsprechenden Familien einheiraten – da war es nicht besonders von Vorteil, wenn sich die Mädchen wie Buben benahmen. Aber Herzog Max pflegte nun einmal einen eigenen legeren Erziehungsstil und schon sehr bald hatte Ludovika erkannt, dass es für sie nur Zank und Streit mit dem ohnedies nicht sehr häufig anwesenden Gatten bedeutete, gegen seine Vorstellungen anzukämpfen.

Irgendwie schien es, als wollte Herzog Max nicht einsehen, dass zwischen Buben und Mädchen im Verhalten ein

gewisser Unterschied bestand, zumindest im 19. Jahrhundert. Für ihn sollten die Töchter keine Stubenhockerinnen sein, er lehnte es ab, Helene, Sisi, Marie, Sophie und Mathilde wie Heimchen am Herd zu erziehen, sie sollten genauso wie seine Söhne zu Pferd sitzen und über die Fluren jagen. Besonderen Wert aber legte Herzog Max auf den Gang seiner Kinder oder besser gesagt, auf die Art zu gehen. Und da er sich selbst nicht allzu oft in Possenhofen und München im Kreis der Familie aufhielt, engagierte er einen eigenen Lehrmeister fürs Gehen, denn im richtigen Gang erblickte Max eine ganz besondere Kunstform. Viele Jahre später beschrieb Kaiserin Elisabeth die Vorstellungen ihres Vaters, indem sie sich an seine Worte erinnerte. Herzog Max schärfte seinen Töchtern ein, dass sie im späteren Leben nicht wie Königinnen stolzieren sollten, sondern dass sie bei jedem Schritt daran denken sollten, sich auszuruhen und neue Kraft zu holen. Nur so ist es zu verstehen, dass es der Kaiserin möglich war, wahre Gewaltmärsche auf sich zu nehmen, ohne nur im geringsten zu ermüden. Munter schritt sie noch dahin, wenn schon alle übrigen völlig ermattet darniedersanken.

Es war kein süßes Brot, das die jeweiligen Hofdamen an der Seite Sisis zu essen bekamen, wenn sie überhaupt etwas auf den langen Touren zu sich nehmen durften. Denn Elisabeth hasste jede Unterbrechung der Bewegung, sie vermied es, irgendetwas zu essen, denn sie kannte kein Hungergefühl, auch wenn den Damen und Herren ihrer Begleitung schon hörbar der Magen knurrte. Wenn es schon gar nicht anders ging, bat sie ihre Begleiter um

ein Glas mit frischer Milch oder um ein paar Schlucke Orangensaft.

Für eine Dame der Gesellschaft und natürlich ganz besonders für die Kaiserin von Österreich war es im 19. Jahrhundert nahezu unmöglich, etwas allein zu unternehmen. Für alle, die sich als Tugendwächter aufspielten, war es geradezu eine Ungeheuerlichkeit, dass Sisi – manchmal nur von einer Hofdame begleitet – Weitwanderungen unternahm oder die Berge der Umgebung bestieg. Was sie dabei beabsichtigte, außer ihrem Bewegungsdrang nachzugeben, war, dass man sie nicht erkannte und sie daher weder akklamierte noch irgendwie belästigte. Ob sie allerdings irgendwann darüber informiert war, dass sie, wenn sie sich nur in kleiner Gesellschaft wähnte, von den diversen Geheimpolizisten observiert wurde, ist nicht bekannt. Denn nicht einmal der Kaiser war vor ständiger Beobachtung sicher, was natürlich nach dem Attentat auf den jungen Franz Joseph nur allzu selbstverständlich war. Wenn sich auch die »Body-guards« in respektvoller Entfernung hielten, so waren sie doch stets präsent. Bei Elisabeth hatten sie keine leichte Aufgabe zu erfüllen, da die Kaiserin stets ihre Märsche aus heiterem Himmel ansetzte und sie niemanden in ihre Pläne, was sie in den nächsten Stunden vorhatte, einweihte. Daher konnten sich die Polizisten auch nicht abwechseln, sondern liefen im Respektsabstand meist schweißtriefend hinter der zügig dahinschreitenden Dame her.

Es waren lange Distanzen, die zum Repertoire Elisabeths gehörten, sie marschierte von Hietzing bis Baden über

die Kuppen des Wienerwaldes, fünf, sechs und manchmal auch acht Stunden ununterbrochen und bei jedem Wetter. War es ihr nicht möglich, irgendeine Tour in die Wiener Umgebung zu machen, so lief sie bei Sturm und Regen mit Stiefeln und einem kurzen Regenmantel bekleidet, im Prater hin und her. Sie war die erste Allwetterjoggerin. Heute können sich die Mediziner erklären, was die Kaiserin zu diesen ununterbrochenen Marschleistungen beflügelte, denn heute kennt man das »high runner-Syndrom«, das bei fortgesetztem Laufen zum Tragen kommt. Dabei schüttet das Gehirn Endorphine aus, die ein ausgesprochenes Lustgefühl erzeugen, das süchtig machen kann. Nur so lässt sich der Bewegungsdrang Elisabeths einigermaßen erklären, der sie trotz zunehmender Schmerzen ihr Lebtag nicht los ließ.

Die Zeit, die Sisi mit ihrem Gemahl oder mit den Kindern in Ischl verbringen musste, war ebenfalls ausgefüllt von langen Wanderungen oder extremen Bergtouren. Man kann mit Fug und Recht behaupten, dass die Kaiserin eine der ersten ernstzunehmenden Bergsteigerinnen in Österreich war, denn die Menschen ihrer Zeit hatten immer noch eine gewisse Scheu vor den hohen Gipfeln, auf denen man jahrhundertelang irgendwelche Geister oder geheimnisvolle Götter vermutet hatte. Aber das Kaiserpaar zeigte sich schon in jungen Jahren nicht beeindruckt von diesen seltsamen Geschichten, sondern machte sich auf, um den Großglockner zu ersteigen, zwar nicht bis zum Gipfel, aber sie gelangten doch in große Höhen. In den zünftigen Lederhosen, mit den wollenen Stutzen

und dem Gamsbarthut wirkte der sonst meist in Uniform gekleidete Kaiser geradezu leger. Die Augen aller waren allerdings auf die junge Sisi gerichtet, wenn sie im feschen Lodenkostüm mit schweren Bergschuhen angetan, zur Glockner-Tour aufbrach. Warum Sisi auf einer Anhöhe zurück blieb, war nicht ganz verständlich – es ist dies der Platz, der heute noch Elisabeth-Ruh genannt wird –, während der Kaiser bis dorthin weiterstieg, die nach ihm Franz Josephs-Höhe heißt.

Da Bergtouren zu dieser Zeit absolut ungewöhnlich waren, kennt man heute die Erstbezwinger der Alpengipfel mit Namen. Denn sie überwanden nicht nur große Höhen auf eigene Faust und ohne Karten und Anleitungen, es waren auch keinerlei Wege vorhanden, von den fehlenden Schutzhütten ganz zu schweigen. Daher war es auch eine Art Pionierleistung des Kaiserpaares, sich in diese Höhen am Großglockner zu wagen, wobei man natürlich weiß, dass von Seiten der Bediensteten für alle Eventualitäten vorgesorgt war.

Später, als Sisi allein in den Bergen umherstieg, als sie den Großen Puchstein im Gesäuse erkletterte, war es nicht mehr möglich, alle Risiken auszuschalten. Aber die Kaiserin ließ sich von ihren einmal gefassten Ideen nicht abbringen. So unternahm sie am 21. Juni 1888 als über 50-jährige eine Gewalttour ins Tote Gebirge. Gemeinsam mit Gräfin Sárolta Majláth, Joseph Komarek, dem Leiblakaien und dem Bergführer Stefan Hopfer, vulgo Kriag Stefl, überquerte sie das Massiv in zehnstündigem Marsch. Dabei ging es ständig steil bergauf und bergab, wobei die arme

etwas mollige Hofdame nicht nur ins Schwitzen kam,
sondern mehrmals dem Zusammenbruch nahe war.
Aber die Kaiserin kannte keine Gnade, wer mit musste,
der musste eben mit. Dass diese Tour aber für Sisi auch
etwas Besonderes war, beweist ein Gedicht, das sie über
den Verlauf des Tages geschrieben hatte:

Aus: »*Der längste Tag*«
Vom Offensee nach Elmgrub

...

Titania griff zum Stachelstab,
»*Ich muss heut*«*, sprach sie* »*wandern,*
Seen entlang, Thäler hinab,
Von einem Berg zum andern.«

...

»*Der längste Tag, gar kurz die Nacht,*
Da heißt es sputen, spinnen;
Vor Tagesanbruch sei's gemacht,
Dies Netz nach meinen Sinnen.«

So sprechend trat sie nun hinaus
Ins milde Morgengrauen,
Wo vor dem stillen Jägerhaus,
Tiefgrün der See zu schauen.

Ihr nach die dicke Dame d'honneur,
Die treulich sie begleitet,

Und trotz der achtzig Kilo schwer
Stets mit der Herrin schreitet.

Den beiden schlossen sich nun an
Der Diener und zwei Jäger,
Ein Führer (Kriegs-Steff heißt der Mann)
Und endlich noch zwei Träger.

...

Stumm zog entlang im hohen Wald
Die kleine Karawane;

...

Den steilen Rinner geht's hinan,
Hinauf zum Rinnerboden,
Auf Felsenstufen führt die Bahn,
Wer wankt, stürzt zu den Todten!

Doch wuchert hier, berauschend fast,
Süß duftend wilder Flieder;
Titania winket, und voll Hast
Schmückt man ihr Hut und Mieder.

...

Ein Blick wird noch thalab gesandt,
Doch wer ist dies zur rechten?
Augstkogel wird der Berg genannt,
Dort spukt's in wilden Nächten.

Im Kessel liegt der Wildensee,
Tief ernst und trauernd düster,

Die stille Klage dringt zur Höh'
Des Wellenzugs Geflüster.

...

So eilen sie noch Vormittag
Zur nächsten Alm zu wandern.
Die Wildenseealm ist es jetzt,
Wo sie sich niederlassen,
Wo Wein das müde Blut ergötzt,
Und Milch in ird'nen Tassen.

Behend verteilt die Dame d'honneur
Den Proviant an jeden;
Streicht Butterbrote schnell daher,
Löst der Pakete Fäden.

Dort kaltes Fleisch und Käse hier,
Ei, das scheint euch zu munden;
Es wird der Magen schwerer schier,
Bald als der Korb befunden.

Titania sitzt auf hölz'ner Bank,
Die Andern ruhn im Kreise,
Idyllisch webt des Mists Gestank,
Und stört in keiner Weise.[24]

Vielleicht zog es Sisi, durch die launigen Erzählungen ihres Vaters angeregt, in die Ausseer Gegend, von der Herzog Max stets geschwärmt hatte. Denn der Bayernherzog

123

war mit einem der ersten »Sommerfrischler«, mit dem Schriftsteller und Burgtheaterdirektor Alexander Baumann befreundet gewesen und hatte ihn des öfteren im Ausseer-Land besucht. Baumann schrieb ähnlich wie der Herzog volksnahe Stücke, wie die Komödie »Versprechen hinterm Herd«, in dem seine Favoritin Mathilde Wildauer die Hauptrolle am Burgtheater spielte. Auch die »Freundin« Katharina Schratt brillierte in dieser anspruchslosen Partie, sodass man sich entschloss, das Stück auch im Sommertheater in Ischl sehr zur Freude des Kaisers zu geben. Es war nicht nur die Hauptdarstellerin, die Franz Joseph begeisterte, auch der Inhalt der Komödie fand so sehr sein Wohlgefallen, dass er dem Stück aufmerksam bis zum Ende folgte. Denn obwohl der Kaiser auch in seinen Briefen an die ferne Gemahlin über Premieren am Burgtheater berichtete, die er mit seiner Anwesenheit beehrte, fügte er doch fast jedes Mal hinzu, dass er während der Vorstellung eingeschlafen war. Kein Wunder allerdings, wenn man bedenkt, dass Franz Joseph ein ausgesprochener Frühaufsteher war, dessen Tagwerk schon um fünf Uhr morgens begann.

Je älter Elisabeth wurde, umso öfter besuchte sie das Seengebiet rund um Bad Aussee, am 23. Juni 1887 wanderte Sisi über den Koppen, um dann auf eine Kaffeejause beim Bahnhofswirt einzukehren, zwei Tage später marschierte sie mit ihrer Tochter Marie Valerie und einem Führer namens Stübler Lois auf die Pfeifer- und die Brand-Alm, wo der herrlich blühende Almrausch die beiden Damen begeisterte. Marie Valerie, von klein auf

an lange Wanderungen mit der Mutter gewöhnt, war die einzige, die mit der Kaiserin Schritt halten konnte, wahrscheinlich auf Grund ihrer Jugend. Auch im September zog es Sisi nach Aussee, allerdings war es für sie nicht zu vermeiden, eine größere Gesellschaft mitzunehmen. Um aber trotzdem den Reiz der Berge in Einsamkeit genießen zu können, schickte sie kurzerhand ihre Begleitung mit dem Stübler Lois auf den Wilden Gössl, sie selbst wanderte mit dem Kriag Stefl zum Grundlsee, wo man einander wieder traf.

Wenn in Aussee bekannt wurde, dass die Kaiserin von Österreich den Ort in den nächsten Tagen mit ihrer Anwesenheit beehren wollte, wurde natürlich alles auf Hochglanz poliert, vor allem aber zerbrach man sich in den einfachen Hotels den Kopf, wie man den Vorstellungen Elisabeths Genüge tun könnte. Probleme bereitete vor allem der Gedanke, dass die Kaiserin auf die Idee kommen könnte, in einem der Gasthöfe zu übernachten. Für so hohen Besuch war man im Ausseer Land nicht gerüstet. Längst hatte es sich überall herumgesprochen, dass Elisabeth größten Wert auf Hygiene legte, täglich ein Bad nahm und auch sonst hohe Ansprüche stellte, was die Reinlichkeit anbelangte. Deshalb war man im See-Hotel in Altaussee beinah aus dem Häuschen, als bekannt wurde, dass die Kaiserin beabsichtigte, hier zu logieren. Das Haus wurde vom Keller bis zum Dachboden durchgeputzt, und da man dem hohen Gast nicht wie den übrigen weniger prominenten Übernachtungsgästen ein Bett mit einem eher durchgelegenen Strohsack zumuten konnte,

wurden eilends Rosshaarmatratzen angeschafft, damit eine angenehme Nachtruhe für die Kaiserin gewährleistet werden konnte.

Mit wachsender Sorge vernahm Kaiser Franz Joseph die Berichte von den Extremtouren, die seine Gemahlin unternahm. Dabei musste der Kaiser manchmal an eine Art Schicksal glauben, denn auch die »Freundin« Katharina Schratt, war trotz ihrer eher fülligen Gestalt eine begeisterte und gute Bergsteigerin. Der Kaiser berichtete in einem Brief vom 10. September 1893 von den bergsteigerischen Leistungen der gemeinsamen Freundin wie folgt:

Boros Sebes den 10. Septbr. 1893

Edes, szeretett lelkem,

Durch ein Telegramm Nopcsas an Paar erfuhr ich Gestern Deine glückliche Ankunft in Venedig und hoffe nur, dass Dir der dortige Aufenthalt angenehm und nützlich sein werde. Ich bitte Dich, sage Marie Festetics, sie möchte mir manchmal schreiben, damit ich doch etwas von Dir erfahre. Von Valerie und den Kindern habe ich, Gott lob, gute telegraphische Nachrichten und von Gisela erhielt ich Gestern beiliegenden Brief. Von der Freundin fand ich Gestern Früh bei meiner Ankunft hier ein Telegramm von Vorgestern 2 Uhr 50 aus dem Glocknerhause, wo sie an diesem Tage von der Adlersruhe eingetroffen war und von wo sie um 4 Uhr Nachmittag nach Heiligenblut herunter gehen wollte. Von dort wollte sie Gestern auf den Sonnblick, den sie wohl Heute erreichen wird. Die gefährlichsten Theile der ganzen Expedition sind wenigstens über-

standen und Morgen kommt sie wohl in Gastein wieder in
die civilisierte Welt.[25]

Inwieweit die Bevölkerung der Monarchie über die bergsteigerischen Leistungen der hohen Damen unterrichtet war, ist nur Spekulation. Einerseits deshalb, weil die
Kaiserin es unter allen Umständen zu vermeiden suchte,
dass sie irgendwo als Paradebergsteigerin herausgestellt
wurde, andererseits legte auch Katharina Schratt nicht
unbedingt Wert darauf, in Bergadjustierung fotografiert
zu werden. Denn die Damen waren keineswegs modisch
gekleidet, sondern vor allem praktisch. Außer langen Lo-
denröcken trugen sie schweres genageltes Schuhwerk,
beinahe eine Selbstverständlichkeit, bedenkt man, dass
sie über Eis, Schnee und Geröll steigen oder sogar klet-
tern mussten. Anstatt die Kaiserin und Katharina Schratt
als Vorbilder für ein freieres Leben zu nehmen, rümpften
die Frauen vielerorts die Nase, wenn es darum ging, auch
einmal eine Bergwanderung zu unternehmen.

Gerade, was die körperliche Ertüchtigung der Frauen
ihrer Zeit anbelangt, wäre es Elisabeth möglich gewesen,
eine sanfte Revolution zu erreichen. Hätte sie ihre Ideen
in die Öffentlichkeit getragen und die Initiative ergriffen,
den Wert regelmäßiger Bewegung von Kindesbeinen an
gerade für Mädchen zu propagieren, dann hätte sie sicherlich nicht nur bewirken können, dass die Frauen ihrer Generation Freude an Turnen und Sport gehabt hätten,
sondern sie hätte auf diese Weise den Mädchen und Frau-
en ein neues Selbstwertgefühl vermitteln können. Aber al-

les, was man in der weiten Monarchie über die sportliche Betätigung der Kaiserin hörte, vernahm man aus zweiter Hand, über- oder untertrieben, je nach Berichterstatter. Denn auch die Zeitungen waren nur dürftig informiert, sodass meist nur über die ausländischen Medien Berichte nach Wien gelangten.

Wahrscheinlich war man vielerorts nicht mit dem Verhalten der Kaiserin einverstanden, denn Sisi war es nicht gewöhnt, Rücksicht auf die Sitten und Gebräuche des Gastlandes zu nehmen. Vor allem in orientalischen Ländern, in denen sich Frauen selbst heute noch höchst selten allein in der Öffentlichkeit zeigen, erregte die nur in Begleitung einer Hofdame befindliche Kaiserin großes Aufsehen, was sie aber in keiner Weise beeindruckte.

Als die Kaiserin in Algerien weilte, fand sie deshalb auch nichts dabei, sich einen Führer anzuheuern. Der sollte sie und ihre Hofdame, Irma Sztáray, zu einer Wallfahrtskirche, die sich auf einem Berg befand, geleiten. Der etwas dickliche Mann war froh, einen wie er dachte, lukrativen Auftrag erhalten zu haben. Allerdings konnte er nicht ahnen, worauf er sich einließ. Denn was ihm bevorstehen sollte, war den Auftraggeberinnen nicht anzusehen, auch nicht, als ihn die Kaiserin fragte, ob er gut zu Fuß wäre. Dieser Zweifel an seinen Fähigkeiten beleidigte den Algerier zutiefst und er antwortete indigniert, da er sich in seiner männlichen Ehre gekränkt fühlte, er werde doch mit Frauen Schritt halten können. Mit einfachen, untrainierten Frauen ihres Alters sicher, aber nicht mit der Kaiserin von Österreich.

Irma Sztáray berichtete:

In raschem Tempo schritten wir den von Algier nach Westen ziemlich steil ansteigenden Berg hinan. Wir genossen eine abwechslungsvolle und, je höher wir klommen, immer ausgedehntere Aussicht auf Meer und Landschaft. Unserem Führer sagte jedoch das Tempo gar nicht zu, immerhin fügte er sich darein. Nach 2 1/2 Stunden erreichten wir die Kirche, damit aber noch lange nicht den Gipfel des Berges. ... Die Kirche ist kein sonderlich gelungener Bau. Umso schöner aber war die Aussicht, die sich uns da bot. Unmittelbar vor der Kirche steht ein großes weißes Kreuz mit der Aufschrift: ›Betet für die im Meere Verdorbenen‹ und wir beteten aus Herzensgrund und andachtsvoll angesichts des lächelnden Meeres, dieses unbegrenzten Friedhofes. Dann ging es weiter den Berg hinan. Wahrlich, es war ein mörderisches Tempo. Unser Führer fauchte wie ein Dampfroß und schnitt ein Gesicht dazu wie einer, der nun gleich genug von dem Spaß haben wird. Und so geschah es auch; er blieb stehen und erklärte, er sei des weiteren Weges unkundig. Wir mußten also kehrtmachen, um nicht ganz im Stiche gelassen zu werden. Auf dem Heimwege brachte sich der Arme nur mehr stolpernd fort und Bitterkeit und Vorwurf sprachen aus seinem bestaubten Antlitz. Um ihn einigermaßen zu trösten, traten wir, als die Stadt erreicht war, in ein türkisches Kaffeehaus. Da mochte sich der Gute ein wenig laben ... Trotz aller Bemühungen gelang es aber nicht vollständig, unseren Führer zu versöhnen, und als wir, in unser Hotel gelangt, ihn für den nächsten Tag en-

gagieren wollten, verweigerte er den Dienst; er sei kein
Schnellläufer, um täglich dreißig Kilometer bergan bergab
rennen zu können.[26]

Aber nicht nur in Gottes freier Natur suchte die Kaiserin ihren Bewegungshunger zu stillen, sie marschierte auch stundenlang durch die Städte – ohne Pause. Und da sie auch hier in ungewöhnlich schnellem aber leichtem Schritt ging, legte sie im Lauf des Tages sicherlich zwei Dutzend Kilometer zurück. Ab und zu blieb sie vor einer Auslage stehen oder kaufte Souvenirs, dann aber wurde der schnelle Marsch bis in die Abendstunden fortgesetzt. War Sisi dann in ihrem Domizil endlich angekommen, setzte sie sich nicht etwa erschöpft in einen bequemen Lehnstuhl, sie ging weiterhin in ihren Räumen auf und ab und jeder, der mit der Kaiserin ein Gespräch führen wollte, musste wohl oder übel auch neben ihr herschreiten. Die eigene Tochter Valerie berichtete davon in ihrem Tagebuch, wenn sie meinte, dass es anstrengend wäre, sich mit der Mama zu unterhalten, da sie ständig in Bewegung war.

Ohne Rast und Ruh wandelte die Kaiserin durchs Leben. Die Lust an der Bewegung hatte Sisi süchtig gemacht.

Sisi – die verhinderte Zirkusreiterin

Als exzellente Reiterin war Sisi nach Wien gekommen, wo sie in den ersten Jahren ihrer Ehe in diesem Sport körperliche Erfüllung fand. Denn auch Franz Joseph ritt gern und gut, sodass die jungen Eheleute ohne großen Aufwand und beinah ohne Gefolge weite Ausritte unternehmen konnten, was Sisi aus ganzem Herzen genoss. Ihr Tag in der Hofburg, in Laxenburg oder in Schönbrunn brachte ja sonst kaum Höhepunkte mit sich, sodass Elisabeth die Stunden herbei sehnte, in denen sie wirklich höchst »privat« sein durfte.

Aber auch dieses Glück war kurz, denn als die Kampfhandlungen in Italien ausgebrochen waren, fühlte sich der Kaiser von Österreich verpflichtet, an die Spitze seiner Truppen zu eilen, um sie durch seine Anwesenheit in ihrem Kampfesgeist zu stärken. Immerhin ging es um wichtige Gebiete wie um Mailand und Venetien. Zurück blieb seine junge Frau, umgeben von Menschen, die ihr nicht allzu gut gesinnt und vor allem nicht sympathisch waren. Und um all diesen Leuten möglichst oft aus dem Weg zu gehen, begann Sisi zuerst in Laxenburg, später aber auch in der Umgebung des Schlosses stundenlang auszureiten, wobei sie weder Maß noch Ziel kannte, sodass Franz Joseph sie in seinen Briefen immer wieder zur Mäßigung mahnte. Und Franz Joseph war ständig in Sorge um ihr Wohlergehen, was aus seinen langen und sehnsuchtsvol-

len Briefen hervorgeht. Nachdem er erkannt hatte, wie extrem seine Gemahlin jede Art von körperlicher Betätigung betrieb, verging kaum eine Gelegenheit, wo er sie nicht bat, auf sich aufzupassen und sich zu schonen. So brachte er am 4. August 1866 um 1/2 6 Uhr früh in Schönbrunn folgendes zu Papier:

Mein lieber Engel,
Jetzt bin ich wieder mit meinem vielen Kummer allein und sehne mich nach Dir. Komme bald wieder, mich zu besuchen, das heißt, wenn es Deine Kräfte und Deine Gesundheit erlauben, denn, wenn Du auch recht bös und sekant warst, so habe ich dich doch so unendlich lieb, daß ich ohne Dich nicht sein kann. Schone Dich nur recht und gebe beim Reiten acht, denn ich ängstige mich sehr.[27]

Elisabeth schlug die dringenden Mahnungen und sorgenvollen Ratschläge ihres Mannes schon als junge Frau in den Wind. Denn während sie allein irgendwo weilte, tat sie immer das, was sie für richtig und gut befand. Und das war stundenlanges Reiten in schnellstem Galopp, wobei sie sich und dem Pferd das Äußerste abverlangte. Sie konnte sich diese Eskapaden leisten, denn einerseits war sie eine exzellente Reiterin, die jedes noch so wilde Pferd zu zügeln verstand, und andererseits standen ihr als Kaiserin die teuersten und besten Tiere der Monarchie zur Verfügung. Sie musste sich wahrlich keinen Zwang antun und so lange ihr Körper mitmachte, ritt sie wie der Teufel.

Bei den wilden Ritten rund um Schloss Laxenburg beließ es die junge Kaiserin natürlich nicht. Sie war eine ausgezeichnete Sportlerin, vor allem aber eine Perfektionistin, etwas, was so gar nicht in ihre Zeit passte. Täglich überprüfte sie ihre Haltung zu Pferd, korrigierte jeden kleinsten Fehler gewissenhaft und trainierte stundenlang ein und dieselbe Schrittkombination. Und es dauerte nicht lange, da verbreitete sich in Wien die Kunde, dass die junge Kaiserin eine echte Amazone sei. Sisis Hofdame Marie Festetics sprach aus, was sich so mancher denken musste, der die Kaiserin tagtäglich im Reitstall antraf, wo sie sich nicht nur um das Wohl ihrer Tiere kümmerte, sondern vor allem darauf bedacht war, die besten Pferde auswählen zu können. Marie Festetics schrieb:»Andere Menschen reiten vier mal die Woche. Wir reiten alle Tage.«[28] Und welche Strecken in welchem Tempo!

Natürlich waren es vor allem die Herrenreiter, die vor Bewunderung den Hut vor der schönen Kaiserin zogen. Einerseits, weil man so eine bezaubernde Figur selten hoch zu Ross erblicken konnte – immerhin ließ sich Elisabeth jeden Tag aufs Neue in ihr hautenges Reitkostüm einnähen – andererseits natürlich auch, weil diese Frau die Kunst des Reitens nicht nur zu demonstrieren, sondern vor allem auch zu zelebrieren verstand. Keine noch so bekannte Reiterin konnte der Kaiserin von Österreich nur annähernd das Wasser reichen.

Aber diese Kunstfertigkeit war der Kaiserin nicht in den Schoß gefallen. Obwohl sie ein ungewöhnliches Bewegungstalent gewesen sein musste, steckte auch viel harte

Arbeit mit und ohne Pferd hinter ihren Erfolgen. Sie hatte die Zeit und natürlich auch die nötigen finanziellen Mittel, um ihre Suche nach Vollkommenheit zu befriedigen. Daher achtete sie auf jede kleinste Kleinigkeit und korrigierte stundenlang Dinge, die anderen wahrscheinlich gar nicht aufgefallen wären.

Ihre ersten Erfahrungen mit dem »Show-Reiten« hatte sie schon als Kind gemacht, als sie als Dressurreiterin in der Manege ihres Vaters aufgetreten war, die Herzog Max in seinem Münchner Palais hatte einrichten lassen. Elisabeth hatte gleichsam Zirkusluft geschnuppert und war von ihr berauscht worden. Zirkus, das war die Welt, die Sisi begeistern konnte, und nicht nur Herzog Max wäre nach seinen eigenen Aussagen gerne Kunstreiter geworden, auch in den Adern seiner Tochter floss eher Zirkusblut als blaues Blut.

Da Sisi den Ehrgeiz besaß, ihre Reitkunst zur Perfektion zu bringen, waren die besten Lehrmeister für sie gerade gut genug. Und jeder Reitlehrer, den die Kaiserin für sich ausgesucht hatte, konnte mit Stolz auf seine gelehrige Schülerin blicken. In kürzester Zeit verstand es Elisabeth, schwierige Passagen zu erlernen, sodass sich ihr Ausbildner an der Spanischen Hofreitschule Franz Jebhart lobend äußerte: »Sie hat den Kniff heraus, eine unmittelbare mesmerische Beziehung zu ihrem Pferd anzuknüpfen. Sie stellt jede Reiterin, die ich kenne, in den Schatten.«[29]

Von welchen Ahnen Herzog Max und seine Tochter die heimliche Liebe für das bunte Zirkusleben, mit seiner Ungezwungenheit und seiner abwechslungsreichen Vielfalt

In späteren Jahren ritt das Kaiserpaar nur selten allein aus

geerbt hatten, ist nicht bekannt. Und da Franz Joseph
schon sehr bald diese Vorliebe Sisis erkannt hatte, konnte er seiner jungen Frau keine größere Freude bereiten,
als mit ihr und dem Schwiegervater einige Tage nach der
Hochzeit den Zirkus Renz zu besuchen, der zu dieser Zeit
in Wien ein Gastspiel gab. Begeistert von den Darbietun-
gen der Artisten und den Dressurleistungen der Pferde beschloss Sisi, so bald es ging, mit der Familie Renz Kontakt
aufzunehmen. Sie wollte ebenfalls die Kunst der Dressur
erlernen, und wo hätte sie besser in diese Geheimnisse
eingeweiht werden können, als in der renommierten Zir-
kusfamilie. Aber auf Grund der anfänglichen familiären
Schwierigkeiten, die sich für die junge Kaiserin ergaben,
sollte es noch Jahre dauern, bis sie wirklich bei Elise Renz
Unterricht nehmen konnte.

Da Franz Joseph, der seiner geliebten Engels-Sisi jeden Wunsch von den Augen ablas, wusste, dass sie sich nichts sehnlicher wünschte, als in Wien eine private Zirkusstätte zu besitzen, gab er Anweisung, eine kleine Arena neben den Hofstallungen in Wien zu errichten, wo Elisabeth nach Herzenslust mit ihren Lieblingspferden trainieren konnte. Im Lauf der Zeit wurden auch in Gödöllö und in der Nähe der Hermes-Villa in Lainz ähnliche Reitstätten gebaut und eine weitere in Ischl geplant, deren Bau aber nicht zur Ausführung kam.

Auch andere Mitglieder der Wittelsbacher Familie standen in dem Ruf, blendende Reiter zu sein. Nicht nur Sisis Schwester Marie, die mit dem Exkönig von Neapel verheiratet war, machte in England zu Pferd Furore, auch die Nichte der Kaiserin Marie Wallersee-Larisch jagte Seite an Seite mit ihrer schönen Tante über die Puszta. Sie hatte lange als Lieblingsnichte der Kaiserin gegolten, verlor aber die Gunst Elisabeths von einem Moment auf den anderen, als sich herausgestellt hatte, dass Marie eine dubiose Rolle in der Tragödie von Mayerling gespielt hatte. Dadurch war sie bei Hof zur Unperson geworden.

Marie Larisch brachte später, als sie von Geldnöten bedrückt war, ihre Memoiren zu Papier, in denen sie auch über die Reitabenteuer mit ihrer Tante in Ungarn berichtete. Den Anblick, den die Kaiserin zu Pferd bot, schilderte Marie folgendermaßen:

Dreimal in der Woche war Jagd. Ach, es war herrlich! Elisabeth sah zu Pferde berückend aus, ihr Haar lag in schwe-

ren Flechten um ihren Kopf, darüber trug sie einen Zylin-
der. Ihr Kleid saß wie angegossen; sie trug hohe Schnür-
stiefel mit winzigen Sporen und zog drei Paar Handschuhe
übereinander. Der unvermeidliche Fächer wurde stets in
den Sattel gesteckt.[30]

Es war für Kaiserin Elisabeth das schönste Geschenk, das
ihr die dankbaren Ungarn machen konnten, als ihr und
dem frischgekrönten König Schloss Gödöllö in der Nähe
von Budapest feierlich übereignet wurde. Schon beim ersten Besuch dieses reizenden intimen Schlösschens fühlte sich Sisi zu Hause, hier, am Rande der weiten Puszta
konnte sie frei atmen, hier sollte es kein Hofzeremoniell
geben. In Gödöllö würde ihr niemand Vorschriften machen können so wie in Wien. Auch die Gesellschaft, die
sich hier traf, war so recht nach dem Geschmack der
Kaiserin: für den charmanten Grafen Nikolaus Esterházy
bedeutete es eine besondere Ehre, an der Seite der jungen schönen Königin reiten zu dürfen, genauso wie für
Rudolf Liechtenstein, der jede freie Minute nützte, um die
Gegenwart Elisabeths genießen zu können. Aus Wien trafen die Brüder Baltazzi ein, junge gutaussehende Männer,
die allerdings nicht ganz zu durchschauen waren, aber als
hervorragende Reiter galten, und ab und zu ließ sich auch
Gyula Andrássy anmelden, um einen längeren Spazierritt
mit der »schönen Vorsehung« zu unternehmen, wie Elisabeth auf Grund ihrer Rolle, die sie in der österreichisch-
ungarischen Politik gespielt hatte, allseits genannt wurde.
   Was am Rande der ungarischen Puzsta begonnen hatte,

wurde zunächst auf der Isle of Wight, später in Frankreich und schließlich in England und Irland fortgesetzt. Elisabeth war so richtig auf den Geschmack gekommen, fernab vom Kaiserhof ihre Freiheit zu suchen.

Zunächst allerdings schienen die Jagdabenteuer an der Geldnot des Kaisers zu scheitern, denn obwohl Sisis Schwester Marie immer wieder Einladungen auf ihr Schloss schickte, das sie in England gemietet hatte, musste Elisabeth die Exkönigin von Neapel stets aufs Neue vertrösten, da Franz Joseph seiner Gemahlin klar machte, dass die finanziellen Mittel, die die anspruchsvolle Frau für einen standesgemäßen Jagdurlaub auf den britischen Inseln benötigte, einfach nicht vorhanden waren. Elisabeth musste es auf andere Weise versuchen, in ihr Traumland zu kommen. Die zarte Gesundheit ihrer Tochter Marie Valerie bot den entscheidenden Anlass, den Kaiser, der zwar besorgt um das Wohlergehen der Tochter war, aber sie nicht so wie Sisi unter einen Glassturz stellen wollte, davon zu überzeugen, dass Valerie dringend einen Aufenthalt in der bekömmlichen salzhaltigen Luft der Isle of Wight benötigte.

Beide, Mutter und Tochter, reisten unter dem Namen Hohenembs über den Kanal und nahmen in Ventnor Quartier, einem bekannten Ort der reizvollen Insel. Strengstes Inkognito sollte gewahrt bleiben, das war der ausdrückliche Wunsch der Kaiserin. Aber überall, wo die schöne fremde Dame auftauchte, die in ihrer Eleganz gar so unbritisch wirkte, ging ein Raunen durch die Menge. Und bald hatte es sich auf der ganzen Insel herumge-

sprochen, dass die Kaiserin von Österreich hier mit ihrer Tochter Erholung suchte. Auch Queen Victoria hatte von dem Gerücht gehört, das ihr von ihren Diplomaten offiziell bestätigt wurde. Vielleicht wäre es bei den unvermeidbaren Begegnungen der so unterschiedlichen Frauen, von denen die eine die Welt des 19. Jahrhunderts in all ihren Facetten repräsentierte und die andere in ihren Vorstellungen, Ideen, aber auch in ihrem Äußeren einen Blick in die Zukunft werfen ließ, zu freundlicheren Gesprächen gekommen, hätte Elisabeth nicht von vornherein absolute Aversionen der ältlichen Victoria gegenüber erkennen lassen. Sie mochte nun einmal keine alten Weiber in Witwentracht, die sich behäbig durch den Raum wälzten. Für sie, die gleichsam übers Parkett schwebte, wirkte die Queen wie ein Relikt aus vergangenen Jahrhunderten, das die moderne Zeit blockierte. Sisi ließ nicht einen Hauch ihres sprichwörtlichen Charmes spielen, als sie es nicht mehr vermeiden konnte, eine Einladung der englischen Königin anzunehmen, obwohl sie wusste, dass Franz Joseph viel am guten Einvernehmen mit Großbritannien lag. Aber Sisi hatte jegliche politische Mission abgelehnt, sie war Privatperson, wo immer sie hinkam, forderte aber dennoch alle Annehmlichkeiten, die ihr als Kaiserin der österreichisch-ungarischen Donau-Monarchie gebührten. Sie war zwar im Herzen Republikanerin, hätte sich aber niemals mit einem einfachen Lebensstil begnügt.

Die Isle of Wight bietet den Besuchern außer dem beinahe unheimlich anmutenden Carisbrooke Castle, wo einstmals König Charles II. enthauptet worden war, auch

noch andere interessante Sehenswürdigkeiten, die sich die Kaiserin höchst privat zeigen ließ. Daneben nahm sie Kontakt zu den besten Reitern des Landes auf, denn sie wusste, sie würde bald wieder nach England zurückkehren. Irgendwie würde sie ihren Gemahl schon dazu bringen, die nötigen Mittel flüssig zu machen. Denn alles am britischen Lebensstil gefiel ihr, die leichte Kost, die so ganz ihren Vorstellungen vom Essen entsprach, die ungezwungene Lebensweise, die freilich wiederum nur unter Gleichen stattfand, das leicht feuchte Klima, das eine wahre Wohltat für den Teint zu sein schien, und auch die Sportmöglichkeiten, die sie auf der Insel fand. Denn die farbenfrohen Sandstrände der Coloured Cliffs luden zum ausgiebigen Schwimmen ein, ein Unterfangen, das für sie als Dame der allerhöchsten Gesellschaft nicht so einfach zu bewerkstelligen war. Aber die Kaiserin wusste sich zu helfen. Sie wählte eine ihrer Hofdamen aus, die ihr in Größe und Figur von Ferne annähernd ähnlich war, und schickte diese an den Strand. Im Nu hatte es sich natürlich herumgesprochen, dass die Kaiserin von Österreich im Meer ihr tägliches Bad nahm und die Schaulustigen balgten sich beinah um die besten Plätze auf den Klippen, um das einmalige Schauspiel miterleben zu können. Was sie natürlich nicht ahnen konnten, war die Tatsache, dass Elisabeth an einer anderen Stelle ins Meer gegangen war und ungestört für längere Zeit in den Fluten schwimmen konnte.

Ein paar Tage in London bildeten den Abschluss ihrer ersten Reise nach England. Auch hier wiederum legte die

Kaiserin größten Wert auf ihr Inkognito, denn sie lief stundenlang durch die Straßen der Stadt, besichtigte in privatem Rahmen die ihr vorgeschlagenen Sehenswürdigkeiten und fiel nur dadurch den erstaunten Engländern auf, dass sie in einem blendend weißen Ziegenlederkostüm, das von goldenen Knöpfen geziert war, im Hydepark ihre täglichen Ritte unternahm. Wer die schöne Dame wirklich war, blieb nicht lange ein Geheimnis, denn immerhin war die Kaiserin von Österreich auch in den britischen Gazetten oft genug abgebildet worden.

Sisi kehrte erholt und sichtlich gut gelaunt nach Hause zurück, nicht nach Wien, sondern in ihr geliebtes Gödöllö, wo sie auch jetzt noch einen Hauch der englischen Freiheit verspürte. Aber, so wie seit Jahren, hielt es sie nicht lange im Kreise der Familie, auch ihre ungarischen Anbeter konnten sie nicht davon überzeugen, dass man glücklich wäre, sie wieder in ihrer Mitte zu haben. Elisabeth war wahrscheinlich innerlich schon wieder weg, bevor sie noch bei ihrer Familie angekommen war. Auch Franz Joseph vermochte nicht ihr klarzumachen, wie sehr er sie eigentlich an seiner Seite brauchte, obwohl sich die Beziehung im Lauf der Jahre seltsam entwickelt hatte. Aber aus all den Briefen, die der Kaiser an seine ferne Gemahlin schrieb, kommt stets seine Einsamkeit zum Ausdruck, seine Sehnsucht nach ihr, wenn sie auch manchmal in den kurzen Stunden des Beisammenseins »grauslich« zu ihm war. Er wollte sie einfach um sich haben und das war etwas, was Elisabeth auf gar keinen Fall wollte, denn sie fühlte sich am Kaiserhof nach wie vor

eingesperrt und dies war etwas, was ihr Wittelsbacher Blut nie und nimmer verkraften konnte. Daher kam in ihren Antwortbriefen, die liebevoll abgefasst waren, zwar ihr Bedauern über seine Situation zum Ausdruck, aber sie sah auch keine Möglichkeit, den Zustand zu verändern.

Sie brauchte nicht nur ihre Freiheit, um ganz nach ihrer Vorstellung selig werden zu können, sie ließ sich vor allem nicht mehr durch die Institution der Ehe anketten. Und nur ein so verliebter Mann wie der Kaiser akzeptierte die für die damalige Zeit völlig außergewöhnliche Einstellung seiner Frau, wenn er diese auch als Familienmensch sicherlich nicht verstehen konnte.

Daher fiel es ihr auch nicht schwer, von ihm zu erreichen, dass er seine Zustimmung zu einem Reiturlaub in der Normandie gab, obwohl dies wiederum eine außerordentliche Belastung für seine Privatschatulle bedeutete. Denn Elisabeth fand mit den 100.000 Gulden, die ihr jährlich zur Verfügung standen, nie ihr Auslangen, sie machte sich nicht die Mühe, darüber nachzudenken, wie viel Geld ihr oft exzentrischer Lebenswandel verschlang. Für die Kaiserin war der Gedanke an Geld absolute Zeitvergeudung, Geld war dazu da, dass es ausgegeben werden konnte, egal wie hoch die Summen waren, die bezahlt werden mussten.

Wahrscheinlich wäre sie auch in dieser Hinsicht ein Kind unserer Zeit gewesen, denn bei den Reichen und Schönen in aller Welt scheint die Überlegung, mit dem von selbst arbeitenden Geld karitativ tätig sein zu können, auch völlig absurd zu sein.

Der Aufwand, den eine solche Reise der Kaiserin von Österreich mit sich brachte, war enorm. Nicht nur, dass ein Sonderzug zur Verfügung gestellt wurde, in dem Sisi alle Bequemlichkeiten vorfand, die sie gewohnt war, es musste auch eine eigene Bäckerei mitgenommen werden, damit die ohnedies kaum Semmeln oder Brot essende Kaiserin zu jeder Tages- und Nachtzeit eventuell, wenn ihr vielleicht doch der Sinn danach stand, frisches Gebäck zu sich nehmen konnte. Die einzigen Nutznießer dieser teuren Einrichtung waren ihre Hofdamen und manchmal auch Valerie, die ihre Mutter begleitete.

Das Gelände in Sassetôt in der Normandie hatte seine Tücken, die die reitbesessene Kaiserin nicht wahrhaben wollte. Sie hörte nicht auf den Rat ihrer Instruktoren, sondern ritt, wo immer es ihr gefiel, sprang über Hecken und Zäune mitten in die Privatgrundstücke so mancher Bauern, sprengte über Felder und Wiesen, ohne vorher die Besitzer um Erlaubnis fragen zu lassen. Elisabeth demonstrierte, dass für die Kaiserin von Österreich die französischen Gesetze nicht galten. Dass die anfängliche Sympathie und Verehrung, die man der schönen Frau auch hier entgegengebracht hatte, in Empörung über ihr rücksichtsloses Verhalten umschlug, war nicht verwunderlich. Franz Joseph musste tief in die Tasche greifen, um die Flurschäden, die seine Frau verursacht hatte, gütlich abzugelten, abgesehen von dem Imageschaden, den die Kaiserin für die Monarchie verursacht hatte. Aber der Kaiser war letztlich todfroh, so glimpflich davon gekommen zu sein, als er hörte, dass seine Gemahlin bei einem

Jagdausflug schwer gestürzt war und sich eine Gehirnerschütterung und gottlob nur verschiedene Prellungen zugezogen hatte.

Als der Kaiser die Schreckensnachricht erhielt, wollte er natürlich sofort zu seiner Frau eilen, so wie dies jeder besorgte Ehemann getan hätte. Aber Franz Joseph war eben nicht nur der Gemahl der schönen Sisi, sondern vor allem Kaiser der Donaumonarchie. Und als solcher war es nicht möglich, sofort die Koffer packen zu lassen, um nach Frankreich zu reisen. Außerdem klangen die Worte in einem Brief, den Sisi ihm schrieb, als sie wieder das Bewusstsein erlangt hatte, einigermaßen beruhigend:

Es tut mir leid, daß ich Dir diesen Schreck machte. Aber auf solche Fälle sind wir doch eigentlich beide immer gefasst … Ich freue mich schon sehr, wieder mehr Pferde zu haben. Ich hatte hier zu wenig für meine Arbeit … Ich lege meinen Stolz darein, zu zeigen, daß ich eines solchen Rumplers wegen nicht das Herz verloren habe.[31]

Ihr Herz allerdings sollte Elisabeth in einem ganz anderen Land verlieren.

Denn ihr eigentliches Reitziel waren nach wie vor die britischen Inseln, die seit eh und je als das Mekka für die Parforce-Reiter galten. Hier traf sich aus der guten Gesellschaft alles, was in den europäischen Reiterkreisen Rang und Namen hatte. So war es nur natürlich, dass auch Sisi seit ihrem Aufenthalt auf der Isle of Wight den heftigen Wunsch verspürte, auf dem Rücken der besten Pferde, die

das Inselreich zu bieten hatte, jene Parforce-Strecken kennen zu lernen, die überall in den einschlägigen Kreisen auf dem Kontinent gepriesen wurden.

Dieser Herzenswunsch seiner Gemahlin war für den Kaiser keine Neuigkeit, immer wieder wurde das Thema von Sisi angeschnitten, denn sie wollte die Gründe, die gegen einen Englandaufenthalt sprachen und die ihr Franz Joseph vor Augen führte, einfach nicht wahrhaben und akzeptieren. Aber zu Beginn der 1870er Jahre gab es Schwierigkeiten in den politischen Beziehungen zum britischen Königreich, und ein Aufenthalt der Kaiserin von Österreich, auch wenn er nur privater Natur war, schien nicht angebracht zu sein. Außerdem waren die privaten Mittel Franz Josephs fast erschöpft, sodass der Tod seines Onkels Ferdinand, der als abgedankter Kaiser in Prag seinen Ruhesitz gehabt hatte, geradezu als Glücksfall angesehen werden musste, da Ferdinand, der kinderlos gestorben war, dem Neffen ein stattliches Vermögen hinterließ. Durch den unverhofften Geldsegen standen Sisi alle Möglichkeiten für ihre Jagden in England endlich offen.

Im Jahr 1873 war es dann endlich so weit, dass sich der Sonderzug mit der Kaiserin von Österreich in Richtung Westen in Bewegung setzen konnte. Elisabeth ahnte zu dieser Zeit noch nicht, dass sie nicht nur in reiterlicher Hinsicht voll auf ihre Kosten kommen würde, dass man sie in England beinahe unbritisch umschwärmen sollte, sie konnte nicht wissen, dass sie hier einen Mann treffen würde, der ihr in keiner Weise gleichgültig bleiben sollte. Natürlich waren überall dort, wo die Kaiserin logierte,

umfangreiche Vorkehrungen getroffen worden, damit Sisi jeglichen Komfort, auf den sie nirgendwo verzichten wollte, vorfinden würde. Dazu gehörten neben den entsprechenden Räumlichkeiten auch ein Badezimmer und ein Raum, in dem die sportliche Kaiserin die Turngeräte vorfand, an denen sie ihre täglichen Übungen absolvierte. In aller Eile hatte man von englischer Seite Erkundigungen eingeholt, wie sich die Kaiserin ihren Aufenthalt vorstellte, denn immerhin war der hohe Gast eine Auszeichnung für die englische Reitergilde. Und obwohl Elisabeth wieder, wie so oft, inkognito zu reisen versuchte, hatte es sich in Windeseile herumgesprochen, um wen es sich bei der geheimnisvollen Dame, die beinahe fluchtartig den Zug verließ, um sofort in einen bereitgestellten Wagen zu steigen, in Wirklichkeit handelte. So wie heute auch, wenn jemand die Öffentlichkeit hinter sich lassen will, erregte die Kaiserin durch dieses seltsame Verhalten nur noch mehr Aufmerksamkeit. Vor allem wollte sie keine wie immer geartete politische Aufgabe wahrnehmen, schließlich war sie als reine Privatperson nach England gereist, um ihre Reitkünste auf der Insel der Pferde zu demonstrieren und vielleicht – wenn nötig – zu vervollkommnen.

Aber was einer Gräfin von Hohenembs ein leichtes gewesen wäre, war für die Kaiserin von Österreich mit Schwierigkeiten verbunden, da – kaum hatte sie von der Anwesenheit Elisabeths erfahren – Queen Victoria eine Einladung schickte. Als Elisabeth das Billet öffnete, war sie geradezu entsetzt, da sie nicht die geringste Ambition verspürte, wieder mit der ältlichen Witwe Konversati-

on machen zu müssen. Sisi hatte nur Augen und Ohren für ihre Jagdgefährten und für die prachtvollen Pferde, die ihr präsentiert wurden. Und sie war überzeugt davon, dass sie hoch zu Ross durch ihre Reitkünste alle in den Schatten stellen würde. Und so geschah es auch: Als Spitzenreiterin gab sie hier vor der englischen Jagd- und Reitgesellschaft ihr Debüt.

Wie nicht anders zu erwarten, waren alle, die die wunderschöne Kaiserin sahen, hingerissen, besonders ein gewisser Captain Bay Middleton, der den hohen Gast pilotieren sollte. Middleton hatte sich anfangs geweigert, den von Lord Spencer erteilten Auftrag auszuführen, die Pilotage der Kaiserin von Österreich zu übernehmen. Denn der etwas eigenwillige Bay, der zu den bekanntesten und besten Reitern des britischen Königreiches zählte, hielt wenig bis gar nichts von adeligen Damen, die sich einbildeten, perfekte Reiterinnen zu sein. Aus diesem Grund hatte er es auch seinerzeit rigoros abgelehnt, Marie, die Schwester der Kaiserin und Königin von Neapel zu pilotieren – eine Brüskierung, die ihm Marie nie verzieh und die für ihn, aber auch für Elisabeth unangenehme Folgen haben sollte. Vor allem, als Marie erfuhr, dass Bay Middleton sich nach langem Zieren doch bereit erklärt hatte, an der Seite Sisis zu reiten, fühlte sich die Königin von Neapel noch mehr düpiert. Aber der Tag der Rache kam eher, als Bay Middleton dachte, und an diesem schlug die beleidigte Marie unerbittlich zu.

Sisi war gekommen, man hatte sie gesehen und sie hatte alle besiegt. Sowohl durch ihre unglaublichen Reit-

147

künste, aber auch durch ihr bezauberndes Aussehen und den umwerfenden Charme, den sie versprühte, wenn sie wollte. Für sie war jetzt der Zeitpunkt da, an dem sie als Frau und Sportlerin höchste Verehrung erlangen konnte. Neben ihr verblassten selbst die besten Reiter der britischen Inseln: Diese Frau vom Kontinent stellte alle in den Schatten.

Heute noch wundert sich jeder Nichtreiter, wie es für die Kaiserin von Österreich möglich war, die schwierigen und oftmals gefährlichen Hindernisse in England und Schottland in rasendem Galopp zu überwinden. Dabei hatte sie schon Vorbilder, die vor mehreren hundert Jahren als abenteuerlustige Reiterinnen galten, wie zum Beispiel Katharina von Medici, die hochkultivierte Gemahlin Heinrichs II. von Frankreich, die sich allerdings einen unrühmlichen Namen durch ihre Verbindung zur schrecklichen Bartholomäus-Nacht gemacht hatte. Katharina, ebenfalls eine exzellente Reiterin, pflegte das rechte Bein über den Knauf zu legen, der zum Festhalten gedacht war und erzielte dadurch eine höhere Sicherheit. Im allgemeinen sitzt man im Damensattel gerade und nicht verdreht, »die Hüfte der Reiterin ist parallel zur Hüfte des Pferdes, die Schulter parallel zur Schulter des Pferdes. Die Mitte des rechten Oberschenkels liegt über dem Widerrist, so daß die Dame im Gleichgewicht zu sitzen kommt.«[32]

Für Sisi, die ab und zu auch im Herrensitz die schnellen Pferde ritt, kamen wahrscheinlich zwei verschiedene Damensättel in Frage, dazu Steigbügel, die man 1850 erfunden hatte. Einen Damensattel mit flachem Sitz und zwei

Hörnern in engem Abstand benötigte sie für das Jagd-
und Springreiten, während sie sicherlich beim Dressurreiten, das sie vor allem in ihren Manegen stundenlang übte,
den Damensattel mit tiefem Sitz bevorzugte mit Hörnern
in weiterem Abstand. Da die Reiterin den so genannten
Knieschluss tätigen konnte, wenn Gefahr in Verzug war,
erwies sich das Springen im Damensattel als sicherer als
im Herrensattel. Allerdings liefen die Damen immer Gefahr, unter dem Pferd begraben zu werden, wenn sich
das Tier überschlug, denn ein Entkommen war aus dem
Damensattel kaum möglich.

Die Kaiserin saß nicht nur wie eine Amazone hoch zu
Ross, sie war mit ihrer grazilen Gestalt und in ihrem modisch ausgefeilten Reitkostüm, das ihre perfekte Figur ins
rechte Licht rückte, das personifizierte Schönheitsideal.

Elisabeth und ihr »Pilot« Bay Middleton mit ihrem Gastgeber Lord
Harrington (im Vordergrund)

Wobei nur die eingeweihten Damen ihrer nächsten Umgebung wussten, dass Sisi meist unter dem langen Rock eine hauteng Wildlederhose trug, etwas absolut Ungewöhnliches, wenn man bedenkt, dass die Damen selbst im ausgehenden 19. Jahrhundert nur Mieder, aber keine wie immer gearteten Höschen trugen. Daher wäre es für jedes weibliche Wesen höchst unschicklich gewesen, sich mit gespreizten Beinen in den Herrensitz zu schwingen. Nur die Kaiserin machte sowohl in punkto Hosen als auch in ihrem Reitstil eine Ausnahme, was allerdings nicht Schule machte, da einerseits über das »Darunter« bei Elisabeth höchstens gemunkelt wurde, und sie sich andererseits kaum im Herrensitz der Öffentlichkeit präsentierte. Ihr genügte die absolute Bewunderung aller, die sie hoch zu Ross erblickten. Marie Festetics, die Elisabeth in England begleitete, ließ sich zu folgenden euphorischen Worten hinreißen:

Es war ein so schönes Bild, diese schöne, schöne Kaiserin, die wie gegossen mit dem Pferde dastand und mit hoheitsvoller Anmut und nicht wiederzugebender Lieblichkeit den Kopf zum Danke neigte – ich werde den Tag nie vergessen![33]

Dass die Kaiserin von Österreich in England und später in Irland Furore machen würde, davon waren alle überzeugt, die die Reitkünste Sisis, aber auch ihren Ehrgeiz und ihre Ausdauer kannten. Denn nur, wer die beiden letzten Attribute – verbunden mit dem nötigen Fleiß und natürlichem

Talent – besitzt, kann jene Hochleistungen erbringen, die Elisabeth nachgesagt wurden. Sie hätte in der heutigen Zeit die Voraussetzungen gehabt, alle anderen Konkurrenten hinter sich zu lassen und die höchsten sportlichen Trophäen und Ehrungen einzuheimsen. Wahrscheinlich hätte ihr das berüchtigte Hamburger Derby auch keine allzu großen Schwierigkeiten bereitet, denn sie überwand in England die Pytchley-Oxer-starken Holzbarrieren, die ein paar Fuß vor den Hecken aufgestellt waren mit wirklicher Bravour. Dabei zwingen die Balken das herangaloppierende Pferd und seinen Reiter zu einer besonderen Anstrengung, um über den dahinterliegenden Zaun zu kommen. Kaum ein Reiter schaffte diese Hindernisse so wie die Kaiserin auf Anhieb, die meisten kamen zu Sturz, und einige brachen sich dabei auch das Genick.

Bay Middleton begleitete sie Tag und Nacht, ritt an ihrer Seite und saß neben ihr bei Tisch, sehr zum Leidwesen anderer Jagdgefährten, die nicht verstehen konnten, dass der nicht besonders schöne, etwas vierschrötige rothaarige Bay der Favorit der Kaiserin von Österreich sein sollte.

Es verging kein Tag, an dem Elisabeth nicht im Sattel saß und die schwierigsten Parcours mit hohem Risiko ritt. Sie ging vollständig in der Herausforderung auf, der sie sich stellte. Dann und wann freilich dachte sie doch an den daheimgebliebenen »Kleinen« und schrieb an Franz Joseph folgende Zeilen: »Alles schickst Du auf Urlaub, nur an Dich selbst denkst Du nicht.«

Ob Sisi allerdings bei ihren wilden Ritten, den gewagten Sprüngen und den abenteuerlichen Jagden wirklich

ihren besorgten Gemahl gerne an ihrer Seite gehabt hätte, lässt bei jedem, der das Verhältnis der beiden zueinander nachzuvollziehen versucht, echte Zweifel aufkommen. Denn Franz Joseph hätte sicherlich nicht das Leben gebilligt, das seine Frau in Northhamptonshire im Kreise ihrer Jagdfreunde führte und in dem Captain Middleton die Hauptrolle spielte. Was Sisi bis dahin immer wieder gesucht hatte, konnte sie in dieser Umgebung nicht nur finden, sondern auch verwirklichen. In dem englischen Landhaus gab es keine steife Etikette, hier waren ihre Jagdfreunde alle gleichgestellt, etwas, was am Wiener Hof mit seiner strengen Hierarchie undenkbar gewesen wäre. An der Hoftafel hatte jeder seinen bestimmten Platz, hatte ganz bestimmte Antworten auf die Fragen des Kaisers zu geben und sofort sein Besteck zur Seite zu legen, wenn Franz Joseph, ein kleiner und schneller Esser, sein Mahl beendet hatte. Elisabeth war in Wien nur ganz selten bei den Familiendiners anwesend, meist ließ sie sich einer Unpässlichkeit wegen, die sie nur vorschützte, entschuldigen, um der langweiligen Angelegenheit zu entgegen. Davon abgesehen, aß sie ohnedies kaum etwas. Noch gefürchteter waren die anschließenden »Feuersitzungen« in den Gemächern nebenan, wo der Kaiser zigarrerauchend Konversation zu machen pflegte, die allerdings aus einem stereotypen »Ja, Majestät« oder »Nein, Majestät« der Angesprochenen bestand.

Die Kaiserin hasste all diese steifen Zeremonien, unternahm aber nichts, um sie aufzulockern oder gar umzukrempeln. Denn allein ihre Anwesenheit beglückte Franz

Joseph auch noch nach langen Jahren so sehr, dass er sicherlich alles getan hätte, nur um sie öfter um sich zu haben.

Die Abende in England im Kreise der teils rauen Jagdgesellen, die sich auch vor der Kaiserin kein Blatt vor den Mund nahmen, bedeuteten für Elisabeth ein Stück Freiheit. Hier sah man in ihr nicht die Kaiserin von Österreich, der man nur mit äußerster Achtung und formell zu begegnen hatte, hier lachte man über so manchen derben Scherz und bezog sie als echte Kameradin in die Jagdgruppe mit ein. Vor allem Bay Middleton, dem man seine Verliebtheit schon von weitem ansehen konnte, war ihr gegenüber keineswegs zimperlich, wenn es darum ging, sie für die eine oder andere Unüberlegtheit zu schelten. Was sie allen anderen höchstwahrscheinlich äußerst übel genommen hätte, ließ sie sich von Bay widerstandslos gefallen, ja man könnte vermuten, dass der Captain in seiner unverfrorenen Art gerade den richtigen Ton für die meist höchst sensible Elisabeth gefunden hatte. Denn so etwas war beinahe neu in ihrem Leben. Die Zeiten, da ihr Vater sie als junges Mädchen keineswegs mit Samthandschuhen angefasst hatte, waren längst vorbei, und seit jenen vergangenen Tagen hatte es niemand mehr gewagt, in despektierlichem Ton mit Sisi zu sprechen.

Elisabeth war glücklich mit dem Leben, das sie in England führen konnte, unkonventionell, etikettelos, ungebunden und vor allem verliebt. Daher sind ihre Worte sicherlich nur ihrem schlechten Gewissen entsprungen, als sie an ihren fernen Ehemann schrieb:

153

»Könnten wir nur teilen, einen Tag Du, den anderen ich. Ich sage immer Lord Spencer, wie Du es genießen würdest.« Da Elisabeth den Pflichteifer ihres Mannes kannte, wusste sie genau, dass der Kaiser niemals alles liegen und stehen lassen würde, um zu ihr nach England zu reisen und ihre Kreise zu stören. Ganz davon abgesehen, welche politischen Konsequenzen so ein Reiturlaub für Franz Joseph und die Monarchie gehabt hätte. Denn er konnte nicht wie seine Gemahlin als Privatperson unter einem Pseudonym in der Welt umherfahren, für ihn galten andere Gesetze als für seine schöne Frau, die allerdings auch die Regeln der Etikette hätte beachten müssen. Aber sie durchbrach ganz einfach die Barrieren, so wie es ihr gerade passte, und kümmerte sich nicht darum, was alle Welt von ihr dachte oder welche Folgen ihr Handeln haben könnte. Und allmählich gewöhnte man sich auch in anderen Ländern daran, dass die Kaiserin ohne großes Zeremoniell dorthin kam, wohin sie wollte.

Ob sich der Kaiser in England wohl gefühlt hätte, bleibt dahingestellt, genauso erhebt sich die Frage, ob er das hohe Tempo, das auf den Parforce-Ritten gang und gäbe war, durchgehalten hätte. Er galt zwar als exzellenter Reiter von Jugend auf, stand aber – was die Kühnheit zu Pferde anbelangte – stets im Schatten seiner Frau. Es lag nicht in seinem Wesen, irgendwelche Experimente zu wagen und Abenteuer einzugehen, deren Ausgang nicht vorherbestimmbar war.

Auch der einzige Sohn des Kaiserpaares, der zur gleichen Zeit wie Elisabeth in England weilte, hatte keineswegs die

*Captain William »Bay«
Middleton*

Ambitionen seiner Mutter. Zu früh hatte man das Kind auf
Ponys gesetzt, um aus ihm schon im Kleinkindalter einen
strammen Reiter zu machen. Man bedachte dabei nicht,
dass der eher ängstliche Bub sich vor Pferden geradezu
fürchtete. Rudolf war in vielem der Sohn seiner Mutter,
er hatte wesentliche Charaktermerkmale von ihr geerbt
und war dadurch viel mehr Wittelsbacher als Habsburger.
Aber was die Lust am Reiten anbelangte, so fehlte sie ihm
vollständig. Der Vater nahm diese Tatsache eher gleichgültig hin, die Mutter hingegen störte es ungemein, dass
der heranwachsende Sohn im Sattel keine perfekte Figur
abgab. Und je mehr ihr Rudolf zeigte, dass er sich nichts
aus dem Reitsport machte, umso mehr versuchte sie, ihm
durch Schilderungen in Briefen die Schönheit der Pferde
vor Augen zu führen, Darstellungen, die ihn herzlich wenig interessierten. Erfreut öffnete er die Briefe der gelieb-

ten fernen Mutter und war jedes Mal bitter enttäuscht, wenn er lediglich Beschreibungen von Pferden zu lesen bekam. So schrieb Sisi an den erst 10-Jährigen am 3. April 1868 aus Buda:

... Gestern konnte ich meine Zeilen nicht fertig schreiben, weil ich zu Tante Marie zum Frühstück heraufgehen mußte. Unlängst ritt sie Norma, die aber viel stärker ist als sie und mit ihr in jeden Strauch und jedes Feld hineingegangen ist, so daß sie schließlich das Pferd des B. Solmes nehmen mußte, anfangs war ich erschrocken, dann habe ich sie sehr ausgelacht. Sonst reitet sie jedes Pferd und sie ist mit ihnen sehr zufrieden. [34]

Oder ein Jahr später:

Valerie spielt jetzt oft im Garten, einmal ritt sie auch, aber sie hatte doch etwas Angst. Vorgestern ritt ich drei Stunden lang auf zwei Pferden und gestern ritt ich auf dem schönen (Pferdename unleserlich) *zu Mr. Law, wo ich wieder wunderschöne Pferde sah.* [35]

Mutter und Sohn weilten zur gleichen Zeit in England und gingen doch völlig verschiedene Wege. Elisabeth saß stundenlang im Sattel, ritt ein Pferd nach dem anderen müde und lud ihre Reit- und Jagdfreunde zu intimen Soupers, wo sie vor Charme und Liebenswürdigkeit nur so sprühte, während Rudolf von der Queen empfangen wurde und auf Anhieb das Herz der alten Dame gewann.

Der politisch ambitionierte Kronprinz konnte die Gleichgültigkeit, die seine Mutter allen Dingen entgegenbrachte, die sie als Kaiserin an erster Stelle hätten interessieren müssen, nicht verstehen. Er wusste, dass Elisabeth liberal dachte und stimmte mit ihren Ansichten über die Monarchie überein, verzieh ihr aber nicht, dass sie sich vollständig aus dem politischen Geschehen zurückgezogen hatte, obwohl ihr Einfluss auf den Kaiser in jeder Hinsicht von Vorteil gewesen wäre. Seinem Lehrer und Vertrauten Joseph Latour von Thurnburg gegenüber äußerte sich Rudolf einmal in folgender Weise:

... *Es hat eine Zeit gegeben, wo die Kaiserin oft, ob mit Glück, das will ich dahingestellt sein lassen, sich um die Politik gekümmert hat und mit dem Kaiser über ernste Dinge, geleitet von Ansichten, die den seinen diametral entgegengesetzt waren, gesprochen hat. Diese Zeiten sind vorüber. Die hohe Frau kümmert sich nur mehr um den Sport; so ist jetzt auch dieser Einfluß fremder und im großen und ganzen eher liberal angehauchter Meinungen verschlossen.*[36]

Auch in England gab es nichts, was Elisabeth und Rudolf an Gemeinsamkeiten hätten finden können. Er blieb lieber in London, wo er die Nacht zum Tag machte, während seine Mutter stundenlang unermüdlich die schwierigsten Passagen ritt. Vor nichts schreckte die Kaiserin zurück, auch wenn sich schon fast alle Kopf und Kragen gebrochen hatten, sprang sie immer noch tollkühn über die

schwierigsten Hindernisse. Im Gegensatz zu Bay Middleton, der schließlich die Verantwortung für das Wohlergehen Elisabeths übernommen hatte, kannte sie keine andere Angst, als dass die schönen Tage in England gezählt waren und sie schließlich doch wieder – wenn auch nur vorübergehend – an die Seite ihres Mannes zurückkehren musste.

Aber nach einem nur kurzen Aufenthalt in Wien gelang es ihr, Franz Joseph zu überreden, sie nach Irland reisen zu lassen, wo noch größere Herausforderungen auf sie warteten. Denn die Parcours auf der Grünen Insel waren überall für ihre Schwierigkeiten bekannt, außerdem ritt man in Irland in höherem Tempo, sodass die Unfallgefahr wesentlich größer war als in England. Aber gerade diesen Anforderungen wollte sich die Kaiserin als echte Leistungssportlerin stellen. Das olympische Motto »altius, citius, fortius« hätte für sie schon damals gelten können.

Dass auch in Irland Bay Middleton ihr Pilot war, erhöhte für Sisi den Reiz in jeder Hinsicht. Allerdings dauerte es jetzt nicht allzu lange, da machte sich das Gerücht breit, dass die Kaiserin endgültig ihr Herz an den strammen Bay verloren hätte und dieser allgemein als ihr Liebhaber betrachtet wurde. Sisis Schwester Marie tat ein Übriges, dieses »on dit« zu verbreiten, was dazu führte, dass auch Rudolf von dem Getratsche um seine Mutter erfuhr. Und da er sich als Sohn des Kaisers durch diese üblen Nachreden beleidigt fühlte, brüskierte er den überraschten Bay Middleton in aller Öffentlichkeit, was ihm seine Mutter niemals verzeihen konnte.

Als Elisabeth die Absicht geäußert hatte, in Irland zu reiten, schüttelte so mancher Politiker in England besorgt den Kopf. Wie leicht könnte der Aufenthalt der fremden Kaiserin in dem stets unruhigen Land zu einer ernsten politischen Krise führen! Und tatsächlich trat ein, was beinahe vorhersehbar gewesen war: Die Kaiserin wurde von der irischen Bevölkerung mit Jubel und frenetischem Beifall bei ihrer Ankunft empfangen, man sah in ihr ein Symbol der Freiheit. Die Iren begrüßten nicht nur die hohe Dame, die schöne Frau, die Katholikin, sie demonstrierten durch ihr Verhalten auch gegen das protestantische England.

Aber auch in dieser angespannten politischen Stimmung hatte Elisabeth nur Augen und Ohren fürs Reiten, was um sie herum geschah, interessierte sie in keiner Weise. Schön wie eh und je saß sie im Sattel und genoss den Aufenthalt in Summerhill auf einem Schloss von Lord Langford in vollen Zügen. Die wilden Jagden, die täglich für sie veranstaltet wurden, forderten sie voll und ganz. In einem Brief an ihren Gemahl schrieb sie folgende Details:

Bayzand fiel über eine Bank in eine Wiese hinein und tat sich weh am Fuß. Er liegt im Bett mit einem Eisbeutel am Knöchel ... Rudi Liechtenstein ist auch gefallen, ohne sich etwas zu tun und Lord Landford, der auf's Gesicht fiel, konnte jetzt nicht gut schlucken.[37]

Sie setzte ihren Unfallbericht fort:

Eines Tages kam ein Sumpfgraben, aber ganz grün. Über den fiel Middleton und ich auch, aber in guter Distanz und über den Sumpf, wir wurden also nicht naß, und es war sehr weich. Es sollen noch viele hineingefallen sein.[38]

Viele ihrer Begleiter mochten sich über die Tatsache gewundert haben, dass sich die waghalsige Kaiserin, wenn sie höchst selten einmal zu Sturz kam, kaum verletzte. Aber wahrscheinlich hatte sie in Possenhofen vor vielen Jahren auch das Fallen gelernt, eine Kunst, die von lebenslanger Bedeutung ist. Da ihre Sprünge auch im schwierigsten Gelände eine wahre Sensation waren, wurde Sisi schon bald von ihren Bewunderern als die »Königin der Jagd« bezeichnet. Sie reimten folgende Zeilen auf sie:

Die Königin, ja das ist die Kaiserin.
Seht, seht, wie sie dahinfliegt
mit stets sicherer Hand
und nie versiegendem Mut.
Der beste Mann in England kann sie nicht
führen – am Boden liegt er.
Bay Middletons Rücken ist prächtig gebläut.
Hört ihr das Jagdhorn, das laute Halloa?
Drängt vor um einen Platz!
Reiten muß, wer folgen will
der Königin der Jagd.[39]

Die Kühnheit der Kaiserin, die ihre Jagdgefährten so sehr schätzten – meist war neben Baron Nopcsa, der vom Kai-

ser als Begleiter seiner Gemahlin ausersehen war, noch
Fürst Rudolf Liechtenstein mit von der Partie –, versetzte
die arme Marie Festetic in höchste Angst. Die Gräfin war
von einem Schrecken in den anderen gefallen, worüber
sie drastisch berichtete:

*Es sind so hohe Drops, so tiefe Gräben und die Irish banks
und Mauern und Gott weiß was alles zum Hand- und Fuß-
und Halsbrechen. Ich höre nie so viel von gebrochenen
Gliedern wie hier alle Tage sehe ich jemanden »tragen«.
Bayzand ist recht böse gestürzt, Middleton hat sich über-
schlagen und auch Lord Landford, so geht das fort. Die
Kaiserin hat herrliche Pferde, Domino ist das großartigste,
ein prächtiger Rappe, der zu Lord Spencers Schrecken am
ersten Tag mit der Kaiserin vom Fleck weg durchging.
Das Feld war von scheußlichen Hindernissen begrenzt,
allen standen die Haare zu Berge. Was würde sie tun? Sie
hatte die Geistesgegenwart, das Pferd laufen zu lassen,
glücklich ging es über einige Gräben, und dann hatte sie
es wieder und galoppierte ruhig zurück. Es ist nur ein Urteil über sie, aber wirklich, mir stehen oft die Haare zu
Berge.*[40]

Natürlich konnte Sisi nicht für alle Zeiten in England und
Irland bleiben. Sie fürchtete sich vor dem Tag, an dem
alles zu Ende sein würde. Und der kam schneller als sie
dachte. Was sie nicht vermutet hatte, trat schmerzlich für
sie ein: Bay Middleton hatte sich entschlossen zu heiraten. Als die Kaiserin davon erfuhr, wusste sie, dass es nie

mehr für sie in England eine so schöne Zeit geben würde, wie jene, die sie an der Seite Bays erlebt hatte.

Tief deprimiert kehrte sie nach Hause zurück, wo sie zwar von Franz Joseph sehnsüchtig erwartet worden war, es aber vorzog, sich in ihre Gemächer zurückzuziehen, um sich ganz ihrem Schmerz und ihrer Enttäuschung hinzugeben. Nur ganz selten ließ sie sich herbei, an der kaiserlichen Tafel teilzunehmen. Dann aber sprach sie so leise und bewegte ihre Lippen kaum, sodass sie der Kaiser, der im Lauf der Jahre schon leicht schwerhörig geworden war, kaum verstand. Und da Elisabeth nicht gewillt war, etwas, was sie einmal gesagt hatte, zu wiederholen, war es ein Glück, dass die Tochter Valerie bei den Mahlzeiten anwesend war, um für den Vater die Dolmetscherin zu spielen.

Die Zeiten der großen Jagden, der wilden Reiterei waren endgültig vorüber. Nicht nur das Alter, das die Kaiserin nicht wahrhaben wollte, zollte Tribut, vor allem die extremen Belastungen, denen sie sich jahrzehntelang ausgesetzt hatte, führten zu Abnützungserscheinungen, die der Kaiserin Tag und Nacht Schmerzen verursachten. Vor allem Ischiasprobleme, deren Ursache sicherlich nach heutigen medizinischen Erkenntnissen in abgenützten Bandscheiben zu suchen waren, hatten dazu geführt, dass sie das Reiten aufgeben musste – ein Entschluss, der ihr unendlich schwer gefallen sein musste.

Aber auch noch ein anderes, merkwürdiges Phänomen hatte dazu geführt, dass sie beinahe von heute auf morgen kein Pferd mehr bestieg. Wie Sisi nach langen Jah-

Der unvermeidliche Fächer

ren Irma Sztáray berichtete, überfiel sie eines Tages aus heiterem Himmel eine unerklärliche Angst vor Pferden. Und da sie ein Leben lang an gute oder schlechte Omen glaubte, vermeinte sie, einen Wink des Himmels erhalten zu haben, dem sie zu folgen hatte.

Elisabeth war – und das wollte sie selbst am allerwenigsten wahrhaben – vor den Jahren gealtert. Die extreme körperliche Betätigung, die ständigen Fastenkuren, aber auch ihr Hang zur Melancholie hatten die schöne Frau ungewöhnlich rasch alt aussehen lassen, und ihre Gesichtshaut war wettergegerbt, sodass auch die besten Erdbeermasken keine positive Wirkung mehr zu erzielen vermochten. Sisi, die selbst nur schöne Menschen um sich ertragen konnte, litt am allermeisten unter dem Verlust der Schönheit. Dass sie selbst dazu beigetragen hatte, wollte sie bis ans Lebensende nicht einsehen.

Wie erschreckend sie schon im Alter von 50 Jahren gewirkt hatte, war Elisabeth wahrscheinlich selbst nicht bewusst. Der spätere Fürst Clary-Aldringen beschrieb den Anblick der Kaiserin folgendermaßen:

Eines Tages wanderten meine ältere Schwester und ich allein in den Bergen ... Da sahen wir schon von weitem die uns bekannte schlanke, in Schwarz gekleidete Gestalt (der Kaiserin) *herankommen. Wir stellten uns neben den Weg und siehe da, weil kein Erwachsener in der Nähe war, öffnete die Kaiserin diesmal nicht ihren Fächer* (den sie sonst immer sofort vors Gesicht hielt, Anm.d.V.)*!*
Meine Schwester machte einen Knicks und ich meinen schönsten Bückling (= Verbeugung)*; sie lächelte uns freundlich zu – aber ich war wie aus den Wolken gefallen, denn ich sah in ein mir uralt vorkommendes Gesicht voller Runzeln.*

Wenn die Kaiserin auch praktisch aus heiterem Himmel ihre Lieblingsbeschäftigung aufgegeben hatte, so fanden sich für sie noch viele Möglichkeiten, ihren Bewegungsdrang voll auszuleben. Da sie eine Allround-Sportlerin war, musste sie sich nicht aufs Altenteil zurückziehen, sondern erstaunte ihre Umgebung durch eine Perfektion in Sportarten, die für die Damen dieser Zeit eher ungewöhnlich waren.

Elisabeth – ein Supermodel

Hätte es die Regenbogenpresse von heute im 19. Jahrhundert schon gegeben, kaum eine Woche wäre vergangen, ohne dass pikante Fotos der Kaiserfamilie mit den entsprechenden wahren oder erfundenen Geschichten rund um die Welt gegangen wären: Die glanzvolle Hochzeit in der Augustiner Kirche, Sisi in Großaufnahme beim nur hingehauchten »Ja«, Schnappschüsse beim Besteigen der Kutsche, die das junge Paar zur Hochzeitsnacht ins Schloss Laxenburg bringen sollte, das Kaiserpaar in trauter Zweisamkeit hoch zu Ross im Prater, Sisi bei einer Fahrt durch Wien mit der Zigarette in der Hand, Sisi als junge Mutter, Sisi Seite an Seite mit ihrem ungarischen Anbeter, dem feschen Grafen Gyula Andrássy, Sisi bei ihren wilden Jagden in England mit ihrem Verehrer Bay Middleton, Sisi im kessen Fechtröckchen, Sisi im knappen Badeanzug – die Reihe der von den Fotografen und Paparazzi geknipsten Bilder ließe sich seitenweise fortsetzen.

Freilich brachten auch die Gazetten der damaligen Zeit Berichte über den Kaiser und seine schöne Gemahlin, aber natürlich immer mit dem nötigen Respekt und der vorgeschriebenen Distanz. Denn die geheime Zensur war allgegenwärtig, und Berichte im heutigen Stil wären zu »Kaisers Zeiten« unvorstellbar gewesen.

Dass das Kaiserpaar international für Aufsehen sorgte, lag vor allem an der jungen Elisabeth, wenn auch Franz

Joseph in seiner Jugendzeit ein attraktiver Mann war. Dabei galt Sisi, als sie mit ihren 16 Jahren nach Wien gekommen war, keineswegs als ausgesprochene Schönheit, aber schon nach ganz kurzer Zeit entwickelte sie einen eigenen Stil, der zunächst allgemeine Verblüffung hervorrief, da er so ganz und gar nicht ins puritanische 19. Jahrhundert passte und in keiner Weise dessen Schönheitsidealen entsprach. Vielleicht aus Langeweile, sicherlich aber aus einem inneren Bedürfnis heraus, beschäftigte sich die junge Frau mehr als üblich mit sich selbst, wobei sie ihrem Körper und ihrem Haar größte Aufmerksamkeit schenkte.

Natürlich hätte die Kaiserin viele Aufgaben wahrnehmen können, aber sie interessierte sich weder für Politik noch für Soziales, den Damen ihrer Umgebung, die von ihrer Schwiegermutter ausgewählt worden waren, brachte sie von vornherein keine Sympathie entgegen. Ambitionen, ihre Wissenslücken zu schließen, verspürte sie zu dieser Zeit auch nicht, sodass ihr eigentlich kaum etwas anderes übrig blieb, als sich mit sich selbst zu beschäftigen. Der Spiegel wurde ihr Gesprächspartner. Und je länger sie ihr Abbild betrachtete, um so mehr fiel ihr auf, dass sie eigentlich schöne Gesichtszüge besaß, reizvolle Augen und beneidenswertes Haar, das je nach Sonneneinfall in den verschiedendsten Tönen glänzte.

Allerdings bereiteten ihr die Zähne große Sorgen. Von Kindheit an litt sie unter Zahnschmerzen, denn dieser Schwäche, die innerhalb der Wittelsbacher Familie auftrat, war mit den Methoden der damaligen Zeit nicht beizukommen. Auch der schöne »Cousin« König Ludwig,

dessen makelloses Äußeres beinahe legendär war, hatte unschöne und vor allem schlechte Zähne.

Als Sisi am Weihnachtsabend 1837 das Licht der Welt erblickte, war man entzückt, als man im Mund des Kindes einen Zahn erblickte. Und da man so etwas noch nie gehört und gesehen hatte, war die Sensation perfekt: das Zähnchen konnte nur ein »Glückszahn« sein!

Aber sehr bald stellte sich heraus, dass schon die ersten Zähne des jungen Mädchens sehr früh faulten, und Sisi froh sein konnte, als sie endlich ausfielen. Man konnte nur hoffen, dass die zweiten nicht nur schöner, sondern vor allem besser sein würden – das blieb leider ein frommer Wunsch.

Als sich der österreichische Kaiser überraschenderweise für Sisi entschieden hatte, war es die zukünftige Schwiegermutter, die Elisabeth in wenig feinfühliger Art dazu anhielt, ihre gelblichen Zähne mehr zu pflegen, denn der Kaiserin von Österreich würde man auf den Mund schauen. Aber jede noch so sorgsame Zahnpflege war mit den vorhandenen unzureichenden Mitteln aussichtslos. Das einzige, was Erzherzogin Sophie damals erreichte, war, dass es die junge Frau peinlichst vermied, in der Öffentlichkeit zu lächeln oder gar zu lachen, da sie stets fürchtete, ihre Zähne zeigen zu müssen. Es müssen peinvolle Jahre gewesen sein, bis die Kaiserin alle Zähne verloren hatte und geschickte Techniker in Absprache mit den Ärzten ihr ein Gebiss anfertigen konnten. Dabei war es ein großes Geheimnis, dass die Kaiserin falsche Zähne hatte. Nach Aussagen von Vertrauten nahm Sisi nur sel-

ten kurz die Zähne aus dem Mund, um sie abzuspülen und wieder einzusetzen.

Aber diesen Schönheitsfehler verstand Elisabeth gut zu kaschieren, bewunderte man nicht nur in den Ländern der Monarchie die schöne Kaiserin, auch in ganz Europa ging ihr ein märchenhafter Ruf voraus, der bis heute anhält.

Mit ihrer überschlanken Figur könnte man sie als Vorbild für heutige Models bezeichnen, sie hätte – wäre sie später geboren – auf allen Laufstegen der Welt Furore gemacht und die lukrativsten Angebote der internationalen Agenturen bekommen. Denn bei einer Körpergröße von 1,72 Meter wog sie niemals mehr als 50 Kilo. Manchmal unterschritt sie sogar dieses Fliegengewicht, wenn sie den Eindruck hatte, zu dick zu sein und hungerte sich auf 46 Kilo herunter. Mit äußerster Disziplin, die sich im Lauf der Jahre beinahe zu einem Wahn steigerte, war sie somit im Negativen eine Vorreiterin für sämtliche Bulimie- und Anorexie-Patientinnen unserer Tage.

Sisi stellte sich mit ihrer Figur vollständig gegen den Trend der Zeit, für sie war jede Frau dick oder fett, die normale Rundungen aufwies. Schönheit war für die Kaiserin einzig und allein mit Schlankheit verbunden. Selbst vor der »Freundin« Katharina Schratt machte ihre Verachtung für kleine Speckpölsterchen nicht halt. Sie schrieb ein Spottgedicht auf Katharina Schratt, von der ihr Franz Joseph in vielen seiner Briefe stets die Hände küssen lässt:

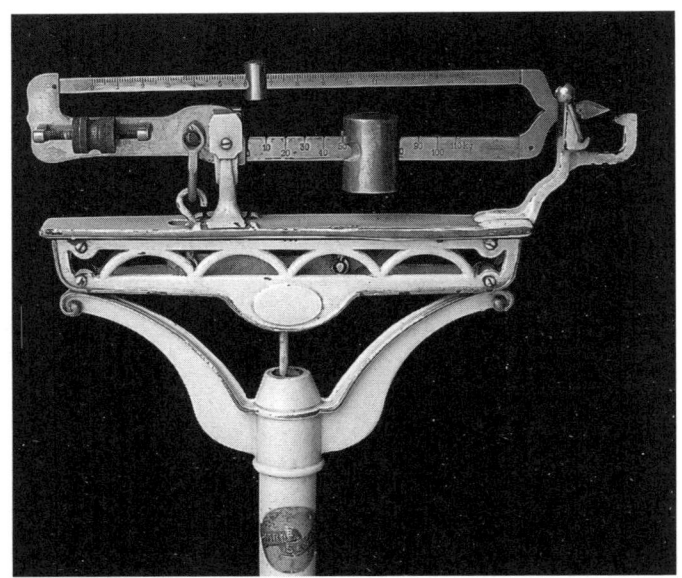

Sisi war Sklavin ihrer Waage

Dein dicker Engel kommt ja schon
Im Sommer mit den Rosen.
Gedulde Dich, mein Oberon!
Und mach nicht solche Chosen!

Sie bringt sich mit ihr Butterfaß,
Und läßt sich Butter bereiten,
Sie macht mit Cognac die Haare naß
Und lernt am End noch reiten.

Sie schnürt den Bauch sich ins Korsett,
Daß alle Fugen krachen.

Hält sich gerade wie ein Brett
und »äfft« noch andre Sachen.

Im Häuschen der Geranien,
Wo alles fein und glatt,
Dünkt sie sich gleich Titanien,
Die arme dicke Schratt.[41]

Obwohl Katharina Schratt in jeder Weise die grazile Kaiserin zum Vorbild nahm, konnte sie deren schlanke Figur niemals erreichen, denn sie war ein völlig anderer Frauentyp als Sisi. Mollig, lustig und lebensfroh, so liebten die Wiener ihre »Schratt« und auch Franz Joseph fühlte sich in der Nähe der unkomplizierten »gnädigen Frau« rundum wohl. Elisabeth registrierte schadenfroh die vergeb-

Burgschauspielerin
Katharina Schratt,
die »theure
Freundin«

170

lichen Bemühungen Katharinas um eine schlanke Linie, weshalb sie nie vergaß, entsprechende Bemerkungen zu machen, was aus den Briefen Franz Josephs hervorging. Dabei wusste sie natürlich nur zu genau, obwohl sie der »Freundin« alle möglichen Rezepte für Schwitz-, Trink- und Heublumenkuren schickte und ihr so manchen »wohlmeinenden« Rat gab, dass alle Versuche Katharinas letztlich ohne Erfolg sein würden. Auch der Kaiser sah dies so und meinte bekümmert, dass seine ohnehin zu dünne Frau nur noch dünner würde und die arme Katharina vergeblich hungerte und schwitzte, um ein paar Gramm weniger auf die Waage zu bringen. Freilich tröstete der Kaiser die »Freundin«, indem er ihr 1893 folgende Zeilen aus Gastein schrieb:

Die Kaiserin würden auch die Kilos und Grammes interessiren, mich aber gar nicht, denn ich betrachte die Wage als Unsinn und Unglück.[42]

Es war ein wahrlich seltsames Verhältnis, das die beiden ungleichen Frauen, die der Kaiser liebte, verband. Auf der einen Seite betete Franz Joseph seine »süße, geliebte Seele«, wie er seine Frau in seinen unendlich vielen Briefen bezeichnete, aus tiefstem Herzen an, und auf der anderen Seite war er froh und glücklich, dass Sisi ihm die lebensfrohe Katharina »geschenkt« hatte. Aber auch die Schratt wusste, was sie der Kaiserin zu verdanken hatte, und zeigte dies in allen ihren Handlungen, selbst in ihren Fastenkuren, wobei sie hätte längst merken müssen,

dass sie dem Kaiser so gefiel wie sie war: rundum rund. Trotzdem erwähnte Franz Joseph seiner fernen Gemahlin gegenüber, dass die »Freundin« erneut mit einer Fastenkur begonnen hatte. Am 11. Juni 1897, mitten in einer politischen Krise, schrieb der Kaiser:

Sie (Katharina Schratt, Anm. d. V.) hat zur Abwechslung gestern eine Milchkur begonnen, bei welcher sie immer 3 Tage nur Milch ohne Brot und Marienbader Wasser genießen und am 4. Tag ordentlich essen will und so fort in dieser Einteilung. Auch will sie fleißig Bycicle fahren, alles zur Abmagerung, da sie im letzten Herbst 6 Kilo zugenommen hat.[43]

Schon drei Tage später zeigte sich der erste Erfolg, denn Katharina Schratt hatte immerhin ein einhalb Kilo abgenommen – ein Tropfen auf den heißen Stein. Denn für die Kaiserin, die mehrmals täglich ihre Taille und den Umfang der Oberschenkel messen ließ, muss es unverständlich gewesen sein, wie man, ohne etwas dagegen zu unternehmen, ganze sechs Kilo zunehmen konnte. Ihr, die jedes Gramm mehr peinlichst genau registrierte, hätte so ein Gewichtsausrutscher niemals passieren können.

Für Elisabeth war das Fasten und Schlanksein zum Selbstzweck geworden. Sogar ihre Hofdamen suchte sie nach ihrer Figur aus, obwohl sie nicht verhindern konnte, dass die eine oder andere in ihren Diensten doch etwas molliger wurde, trotz der vielen Bewegung, die ihnen von der Kaiserin zugemutet wurde. Sisi hätte niemals Grund

Fleischpressen zur Zubereitung von Fleischsaft, den Elisabeth zur Nahrungsergänzung benötigte

gehabt, sich wochenlang zu kasteien, denn einerseits stammte sie ohnehin aus einer Familie, in der alle, bis auf ihre Schwester Helene, bis an ihr Lebensende überschlank waren, und anderseits war ihr Ehemann der Letzte, der sie so dünn haben wollte. So wie aus seinem Brief an Katharina Schratt ging schon jahrelang aus seinen Briefen an Sisi hervor, dass ihm ihre unsinnigen Essgewohnheiten große Sorgen bereiteten, stets ermahnte er die ferne Gemahlin, vernünftig zu essen, nicht so wild zu reiten und die Nacht nicht zum Tag zu machen. Aber alles Zureden nützte bei Elisabeth kaum etwas, sie wollte ihr Leben und ihr Äußeres so gestalten, wie es ihr beliebte. Selbst die wohlmeinendsten Ratschläge der besorgten Ärzte schlug sie in den Wind. Was als Auflehnung gegen

ihre Umgebung seinerzeit gedacht war, entwickelte sich im Lauf der Jahre zu zwanghaften Handlungen. Obwohl auch Kaiser Franz Joseph ein bescheidener Esser war, konnte sich Sisi nicht entschließen, die Mahlzeiten mit ihm gemeinsam einzunehmen. Denn ihre Nahrungsaufnahme bestand an vielen Tagen des Jahres nur aus ein paar Gläsern Milch, zwei Orangen und dem Saft von ausgepresstem Rind- oder Kalbfleisch. Dabei mussten für diesen – auch für Franz Joseph abstoßenden – Spezialtrunk ganze Ochsen ihr Leben lassen, genauso wie sie, je älter sie wurde, immer mehr darauf bestand, dass besonders ausgesuchte Kühe in ihrer Nähe gehalten wurden, die jederzeit gemolken werden konnten. Ausgewählte Rinder, später auch Ziegen wurden in der Schweiz und auch in Frankreich angekauft, wenn die Kaiserin herausgefunden hatte, dass der Geschmack von deren Milch besonders delikat war. Würde man allerdings meinen, dass diese Tiere in kaiserlichen Diensten besonders beneidenswert gewesen wären, so irrt man sich gewaltig. Denn die Kühe und Ziegen wurden auf den weiten Reisen mitgenommen, wobei sie nicht nur mit der Eisenbahn transportiert, sondern auch auf Schiffe verladen wurden. Dabei erwies sich so manches alpenländische Rind als nicht hochseetauglich, denn auch Kühe können seekrank werden.

Das Milchtrinken entwickelte Sisi mit der Zeit zu einem regelrechten Kult, dessen Einhaltung streng beachtet werden musste. Konstantin Christomanos, der für einige Zeit als ihr Griechischlehrer angeheuert worden war, berichtete darüber Folgendes:

Um drei Uhr nachmittags brachte man ihr ihre Milch von einer Ziege der Malteserrasse, die aus Wien mitgeführt wurde ... Wenn sie ihre Milch trinkt, deren Zubereitung und Verwahrung sie mit einem fast religiösen Zeremoniell vornehmen lässt, wirft sie den Kopf zurück wie unter einem geistigen Raptus oder infolge der Intensität einer seelischen Berührung.[44]

Bei diesem Ritual war es nur zu verständlich, dass man der Kaiserin die Milch nicht in irgendeinem Glas kredenzen durfte, obwohl das Glas mit dem schlichten Facettenschliff, dem Goldrand und dem gewölbten Deckel aus Pressglas eher einfach wirkte. Nach dem Tod Elisabeths wurde dieses Trinkgefäß beinahe zu einer Reliquie, denn kaum ein Gegenstand hatte für die Kaiserin im Lauf ihres Lebens eine so große Bedeutung erlangt wie eben dieses Glas.

Nur von Zeit zu Zeit konnte es vorkommen, dass die Kaiserin eine Ausnahme bei ihren Essgewohnheiten machte: Dann, wenn sie sich in ungezwungener Atmosphäre glücklich fühlte. Vor allem bei ihren Reitaufenthalten in England zeigte sie überraschend guten Appetit, nicht nur in den Schlössern, in denen sie mit ihren Jagdfreunden zu Gast war, sondern auch in London, nachdem sie ohne offizielle Begleitung, nur in Gesellschaft von Bay Middleton inkognito die Stadt besichtigt hatte. In einem ausgewählten Lokal verzehrte Sisi – wie ihre Nichte Marie Wallersee-Larisch berichtete, mit Begeisterung Brathuhn und italienischen Salat, trank dazu reichlich Champagner

und ließ sich das Dessert, vor allem aber das Gebäck, besonders gut schmecken.

Wahrscheinlich war alles, was Elisabeth im Lauf ihres Lebens tat, von ihrer Stimmung abhängig. Und da diese von einem Moment auf den anderen wechselte, hatte es auch die Köchin schwer, sich den jeweiligen Launen ihrer Herrschaft anzupassen. Um auf Nummer sicher zu gehen, wurden daher meistens mehrere Speisen vorbereitet, obwohl die Kaiserin schließlich doch nur ein Glas Milch zu sich nahm.

Obwohl die medizinischen Erkenntnisse im 19. Jahrhundert verglichen mit heute äußerst dürftig waren, vor allem was die psychischen Erkrankungen anbelangte, erkannten die Ärzte auch damals schon, dass die Essgewohnheiten der Kaiserin nicht nur äußerst ungewöhnlich, sondern vor allem auch beunruhigend für ihren Gesundheitszustand waren. Aber das Hungergefühl, das Elisabeth anfänglich verspüren musste, verwandelte sich schon bald in eine Art Glücksgefühl, das eine Begleiterscheinung von strengem Fasten sein kann. Außerdem hatte sie das unstillbare Bedürfnis, sich durch diese Disziplinierung selbst bestätigen zu können. Dadurch erreichte sie eine Unabhängigkeit von den Moden ihrer Zeit und war überzeugt, in dieser Selbstüberwindung ein großes Maß an Freiheit gefunden zu haben. Und dennoch war sie zur Sklavin ihrer Gewohnheiten geworden. Sie jagte einem psychischen Phantom nach, das ihr den erhofften inneren Frieden keineswegs bringen konnte, sondern nur noch mehr Unruhe und Bewegungsdrang, der zur Sucht ausartete.

Es gab kaum etwas, was Sisi in ihrer überzogenen Sorge um ihre Schlankheit und Schönheit nicht ausprobierte, ähnlich wie die Models von heute und die nicht mehr ganz jungen Frauen, die nicht einsehen wollen, dass Jugend ebenso vergänglich ist wie ein makelloser Körper. Elisabeth hätte mit ihrer Einstellung zum Nichtalternwollen bestens in unsere Zeit gepasst, denn auch sie war von dem »Jugendwahn«, der heute allseits grassiert, befallen. Sie versuchte alles, um ihre Schönheit und Anziehungskraft zu erhalten, und vergaß dabei vollständig, dass nicht nur ein faltenloses Gesicht und eine straffe Gestalt als Schönheitsideal gelten können. Sie klammerte sich an ihre schlanke Figur, an ihr berühmtes Haar, wobei das erste graue Haar, das sie entdeckte, ein schwerer Schock für sie gewesen sein musste. Aber auch damals gab es schon Mittel und Wege, um Abhilfe zu schaffen. Einige Rezepte der Färbemittel, die die Kaiserin anwenden ließ, sind uns heute noch erhalten.

Sisi kannte bei den Methoden, um sich jung und fit zu erhalten, nicht Maß noch Ziel. Monatelang besuchte sie Tag für Tag Dampfbäder, die ihren Teint auffrischen und der Haut die jugendliche Geschmeidigkeit zurückgeben sollten. Und als diese nicht die entsprechenden Wirkungen zeigten, glaubte sie, des Guten zu wenig getan zu haben und ließ sich in der Hermes-Villa zwei Badekabinen installieren, eine für sich und eine für die »Freundin«, was Franz Joseph in keiner Weise goutierte. Er sah mit Sorge auf diese dubiosen Einrichtungen, »... in welchen Ihr geröstet oder abgebrannt werden sollt. Es wäre doch

schrecklich, wenn Du, nach den traurigen Erfahrungen, welche Du mit den Dampfbädern gemacht hast, wieder eine neue ähnliche Kur unternehmen und auch die Freundin, die jeden medizinischen Unsinn mitmacht, mit ins Verderben stürzen würdest!«[45]

Kaiser Franz Joseph, der in früheren Jahren nur den Kopf über die absurden Gewohnheiten seiner Frau geschüttelt hatte, versuchte in zunehmendem Alter immer wieder, Elisabeth zu bewegen, Ärzte ihres Vertrauens aufzusuchen. Aber entweder stieß er bei seiner Gemahlin ohnehin auf taube Ohren oder die Mediziner blieben einsame Rufer in der Wüste, wenn sie Elisabeth davon überzeugen wollten, dass das ständige Fasten ihren ohnehin angeschlagenen Gesundheitszustand noch verschlechtern würde. Sisi ließ sich so leicht von niemandem von ihrer vorgefassten Meinung, was ihr Körpergewicht betraf, abbringen. Das Gefühl zu dick zu sein, das auch heute viele junge Mädchen beherrscht, wurde sie zeit ihres Lebens nicht los, ja es wurde zu einem Komplex. Nur wenige Ärzte konnten die Kaiserin dazu bewegen, vorübergehend ihre Essgewohnheiten zu ändern. Wahrscheinlich bemühte sich der Kissinger Arzt Doktor Sotier vergebens, die Kaiserin zu regelmäßigem Essen zu bewegen, denn aus einem Brief des Kaisers geht hervor, dass Katharina Schratt, die ebenfalls in Kissingen zur Kur weilte, sich genauso aufführte wie Elisabeth, viel zu wenig aß und überreichlich Bewegung machte, sodass Sotier erklärte, es handelte sich um »eine Kaiserin Nro. 2«[46]

Der große Unterschied in dieser Angelegenheit war al-

*Auf dem
idealisierenden
Gemälde von
August Kaulbach
wird Sisis Wespen-
taille besonders
deutlich*

lerdings, dass »die gnädige Frau« genügend Kilos zum
Zusetzen hatte und daher ihre Rundungen durch einen
vorübergehenden Gewichtsverlust keineswegs etwas von

ihrer Attraktivität verloren. Einzig und allein dem Natur-
arzt und Masseur Doktor Metzger gelang es, die Kaiserin
davon zu überzeugen, dass sie eigentlich mit ihrer Gesundheit Schindluder trieb. Irgendwie imponierten die
ungehobelte Art und die unverblümten Worte des niederländischen Arztes und Heilpraktikers der sensiblen Kaiserin. Er erklärte Sisi klipp und klar, dass sie, sollte sie ihre
unsinnigen Essgewohnheiten beibehalten, in zwei Jahren ein altes Weib sein würde. Alle waren entsetzt über
diese direkte und schroffe Art des Arztes, so offen hatte
noch niemand gewagt, mit der Kaiserin von Österreich
zu sprechen. Aber Metzger verstand es nicht nur, durch
prominente Patienten zu Geld zu kommen, er war vor allem auch ein exzellenter Menschenkenner, der instinktiv
wusste, wie man mit den eher larmoyanten Damen der
Gesellschaft umgehen musste. Heute stünde er sicherlich
im Ruf eines Gurus, der manchen Leuten alles einzureden
vermag.

Kaiser Franz Joseph war wahrscheinlich einer der Ersten, der den neuen Arzt seiner Gemahlin durchschaute,
jedoch dessen zunächst positiven Einfluss auf seine Gemahlin nicht leugnen konnte. Denn es ist nicht anzunehmen, dass der Kaiser erst knapp vor ihrem überraschenden
Tod Elisabeth vor Metzger mit folgenden Worten warnte:
»Wenn Dich nur nicht Metzger zu sehr malträtiert ... Dich
ganz wieder in seine undelikate und gewinnsüchtige Gewalt bekommt und mit Dir Reklame macht...«[47]
Zunächst hatte Metzger mit seinen Methoden aber
durchaus Erfolg, denn die Kaiserin nahm sich seine äu-

ßerst direkten Worte über das Altern zu Herzen. Sie begann – zur Freude aller – regelmäßig an den Familienmahlzeiten teilzunehmen und stellte erstaunt fest, dass sich nicht nur ihr merkwürdig aufgedunsenes Gesicht glättete, sondern sich auch ihr Allgemeinzustand besserte, wenn sie auch die Ischias- und Gelenkschmerzen immer noch plagten. Metzger war es zudem gelungen, die Kaiserin davon zu überzeugen, dass Eiweiß- und Eisenmangel die Ursachen für ihre Magenbeschwerden und die Nervenschmerzen waren, die ihr so oft den Schlaf raubten. Und so lange dieser Arzt Einfluss auf die Kaiserin nehmen konnte, so lange sie sich in seinem Bannkreis befand, so lange führte sie ein halbwegs normales Leben. Denn Sisi akzeptierte nicht nur die Art und Weise, wie Metzger sie behandelte, sie empfand sogar eine gewisse Angst vor den vorwurfsvollen Worten des Doktors.

Was auch immer die Motive des niederländischen Arztes gewesen waren, die Kaiserin beinahe hypnotisch an sich zu ziehen, eines ist gewiss: Er erkannte und stellte ihr klar vor Augen, dass es nicht nur um das »Wieviel« an Nahrungsaufnahme ging, sondern vor allem auch um das »Was«. Denn wie so viele ihrer Nachahmerinnen heutzutage vermied sie hauptsächlich Fleisch, wobei auch heute niemand bedenkt, dass der Mensch zu allen Zeiten ein Allesesser war und daher Mangelerscheinungen durch rein vegetarisches Essen auftreten, die nicht mehr reparabel sind.

Und Sisi bevorzugte, wenn sie sich auf Grund der Ergebnisse, die die Waage anzeigte, durchringen konnte, einmal

etwas mehr zu essen, vor allem Süßigkeiten. Bekannt war ihre Vorliebe für Veilcheneis, von dem sie große Portionen vertilgen konnte, wobei natürlich diese Form der Eiszubereitung deutlich weniger Kalorien enthält als alle anderen.

Betrachtet man die Rezepte, nach denen für die Kaiserin Süßigkeiten zubereitet wurden, so fällt auf, dass die Leibköchin Elisabeths bei den Zutaten sehr bewusst diejenigen auswählte, die zwar sättigend, aber nicht unbedingt nahrhaft waren. Theresia Teufel führte kein beneidenswertes Leben in der Küche der exzentrischen Kaiserin, obzwar sie überall auf Reisen mitgenommen wurde, um zu jeder Tages- und Nachtzeit die eventuellen Wünsche ihrer Herrin erfüllen zu können.

So sehr Elisabeth um die Beibehaltung ihrer Jugend kämpfte, so bald schlug sich ihre unvernünftige Lebensweise auf ihr Äußeres nieder. Sie war zwar nicht wie die anderen Frauen ihrer Generation gealtert, die schon in jungen Jahren auf Grund der Körperfülle wie Matronen wirkten, aber die Fastenkuren und auch ihr ständiger Aufenthalt im Freien, wo sie Wind und Wetter ausgesetzt war, forderten den entsprechenden Tribut. Und obwohl sie mit den raffiniertesten Mitteln versuchte, ihr schönes Gesicht zu erhalten, tat sie wahrscheinlich auch in dieser Hinsicht des Guten zu viel. Denn Elisabeth hatte sich dem 40. Lebensjahr noch nicht genähert, als deutliche Spuren des Alters in ihren Zügen sichtbar wurden. Wahrscheinlich war dies der Grund, warum es nur drei Gemälde von ihrem Maler Winterhalter gibt, für die sie tatsächlich Modell gesessen ist. Alle übrigen Bilder von

ihr sind aus der Erinnerung der Maler hergestellt. Auf den wenigen vorhandenen Fotos verdeckt Sisi meist ihr Gesicht mit einem weißen oder schwarzen Lederschirm oder dem berühmten Lederfächer, einem für sie unverzichtbaren Accessoire.

Fast tagtäglich fühlte sie aufs Neue einen Stich ins Herz, wenn ihr ein Blick in den Spiegel zeigte, dass sich da und dort wieder unvorhergesehene Linien in ihrem Gesicht abzeichneten, die unaufhaltsam zu Runzeln wurden. Ihre Nichte Wallersee-Larisch berichtete von einem Gespräch, in dem die Kaiserin folgende Aussage machte:

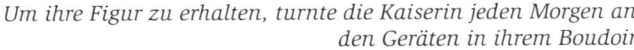

Um ihre Figur zu erhalten, turnte die Kaiserin jeden Morgen an den Geräten in ihrem Boudoir

Sobald ich mich altern fühle, ziehe ich mich ganz von der Welt zurück. Es gibt nichts Grauslicheres, als so nach und nach zur Mumie zu werden und nicht Abschied nehmen zu wollen vom Jungsein. Wenn man dann als geschminkte Larve herumlaufen muss – Pfui! Vielleicht werde ich später immer verschleiert gehen, und nicht einmal meine nächste Umgebung wird mein Gesicht mehr erblicken. Man muß immer zur rechten Zeit verschwinden können.[48]

Die Kaiserin versuchte alles, was in ihrer Macht stand, dem Altern ein Schnippchen zu schlagen. So übernahm sie nicht nur Schönheitsvorschläge, die in Österreich gang und gäbe waren, sie ließ sich sogar Tinkturen und Cremes aus Indien kommen, die schon damals in dem Ruf standen, das Gesicht und den Körper straff und jugendlich zu erhalten.

Als die schöne Kaiserin erst 36 Lenze zählte, wurde sie, die mit 16 Jahren geheiratet hatte, zum ersten Mal Großmutter, eine Rolle, die sie zeit ihres Lebens nicht akzeptierte. Hatte sie für ihre eigenen beiden älteren Kinder wenig übrig gehabt, so empfand sie für die Enkelkinder – zumindest für die Söhne und Töchter Giselas – gar nichts. Im Gegenteil, sie schrieb über ihre Tochter und deren Nachkommen in einem ausgesprochen boshaften Gedicht, dem sie den Titel »Zu Oberons Wiegenfest« gab, folgende Zeilen:

...

Oberon zu Deiner Linken
Eine rackerdürre Sau

Blaue Äuglein ehrlich blinken,
Ähnlich Dir fast im Geschau.

Ihre Ferklein, herzig kleine,
Bracht' sie aus dem Nachbarreich;
Sehen dort dem Vaterschweine
Bis aufs letzte Härchen gleich.

Mit den angestammten Rüsseln
Arbeitet das emsig los
In den Tellern, in den Schüsseln;
Leises Grunzen hört man blos.[49]

Allein die Kinder ihrer »Einzigen«, der Tochter Marie Valerie, fanden ihre Gnade, wenngleich sie auch zu diesen Enkelkindern keine wirklich innere Beziehung entwickelte, so wie dies Franz Joseph von Anfang an getan hatte. Der Kontrast der beiden kaiserlichen Eheleute hätte nicht größer sein können: Nicht nur dass Franz Joseph ein Leben lang ein disziplinierter Mensch war, der die Gleichmäßigkeit in seinem Leben und in seiner Arbeit über alles schätzte, der in seiner bescheidenen Art mit vielem zufrieden war, er war es, der das kleine Glück im Kreis der Familien seiner Töchter jede Minute genoss. Niemals hätte sich der Kaiser so abwertend über irgendwelche Familienmitglieder geäußert.

Aber Ironie und Zynismus waren Kennzeichen der Wittelsbacher Familie, auch die Geschwister Elisabeths zeichneten sich immer wieder durch Bemerkungen aus,

die andere tief verletzten. Auch Sisis einziger Sohn Rudolf war für seinen Zynismus bekannt, eine Eigenschaft, mit der der biedere Vater nichts anfangen konnte, und die Franz Joseph aus tiefstem Herzen ablehnte. Daher konnte es auch keine innere Brücke zwischen Vater und Sohn geben, zu wesensfremd waren sich die beiden. Der Kaiser war nicht in der Lage, sich in die Gedankenwelt seines Sohnes zu versetzen, nicht böse Absicht stand dahinter, sondern absolutes Unvermögen.

So sehr er sich auch bemüht hatte, wirklich verstanden hatte der Kaiser auch seine »Engels-Sisi« nie, was ihn ein Leben lang bedrückt haben musste. Denn er sehnte sich auch nach vielen Jahren, als ihm die »Freundin« längst seine Tage etwas verschönte, nach seiner Frau, die er, wenn er sie auch nicht mehr begehrte, so doch über alle Maßen liebte, was er auch der »Freundin« gegenüber deutlich zum Ausdruck brachte. Denn in ihrem Körperwahn hatte sich Elisabeth schon lange von Franz Joseph zurückgezogen, weder in der sterilen Atmosphäre seines Eisenbettes, noch auf der einfachen Liegestatt seiner Gemahlin konnte es noch leidenschaftliche Nächte geben. Die Romantik der ersten Ehejahre war längst Vergangenheit geworden. Elisabeth sprach dies in ein paar Zeilen deutlich aus, wenn sie schrieb:

Lass mich allein, lass mich allein,
Für mich ist's jetzt das Beste;
Das Ganze kann's doch nie mehr sein;
Zu wenig sind mir Reste.[50]

Es war beinah eine Groteske in Sisis Leben, dass sie, je schöner sie als Frau wurde, mehr und mehr aus den Augen der Öffentlichkeit verschwand. Nur ihre Bilder erschienen in den Gazetten, zeigten sie mit ihrer berühmten Haarkrone, eine Kreation ihrer Leibfriseuse Fanny Feifalik, die eine Sonderstellung bei Elisabeth inne hatte und nicht nur mehr verdiente als ein Universitätsprofessor, auch ihr Ehemann wurde in den Hofdienst übernommen und schließlich auf Veranlassung der Kaiserin geadelt. Die Feifalik war die einzige von Sisis Bedienten, die verheiratet war. So sehr die Kaiserin auch versucht hatte, Fanny Angerer zu überreden, nur für sie da zu sein, so sehr weigerte sich die Friseuse, dem Wunsch Elisabeths nachzukommen. Und da Sisi auf die Frisierkunst der jungen Frau angewiesen war, gab sie schließlich doch die Einwilligung zur Hochzeit.

Fanny Feifalik hatte allerdings auch kein unumschränkt beneidenswertes Leben im Dienst der Kaiserin. Denn Elisabeth trieb mit ihrem Haar einen seltsamen Kult. Tagtäglich wurde das beinahe bodenlange Haar stundenlang gebürstet und gekämmt, um schließlich zu der berühmten Kronenfrisur aufgesteckt zu werden. Dass bei dieser Prozedur Haare ausgehen mussten, hätte auch der Kaiserin einleuchten müssen. Nicht aber Sisi! Mit jedem Haar, das sie verlor, verband sich eine kleine Tragödie und es konnte vorkommen, dass sie derart in Zorn geriet über die Haare, die im Kamm geblieben waren, dass sie nach Fanny Feifalik schlug. Diese wusste sich aber mit der Zeit zu helfen und klebte die Haare entweder, wie kolportiert

wurde, am inneren Schürzenrand fest oder ließ sie kurzerhand verschwinden.

Das Waschen dieser Haarpracht nahm einen ganzen Tag in Anspruch. Zwölf Eidotter, französischer Cognac und zusätzliche Essenzen wurden benötigt, um den kaiserlichen Kopfschmuck neu erstrahlen zu lassen. Denn Sisi legte Wert darauf, dass das Haar nicht nur gewaschen, sondern auch intensiv gepflegt und wenn es sein musste, auch etwas gefärbt wurde, wie es damals dem Modetrend entsprach. Denn Blond war im 19. Jahrhundert keineswegs so gefragt wie heute, weshalb auch Elisabeths Schwiegertochter Stephanie danach trachtete, ihr eher fahlblondes Haar dunkler zu tönen. Allerdings waren dabei Zwiebelschalen oder echter Tee, mit denen Fanny Feifalik dem kaiserlichen Haar eine andere Farbnote verlieh, für blondes Haar ungeeignet, dazu benutzte man in uralten Zeiten wie heute Kamille und Zitrone. War die Prozedur des Waschens und Abfrottierens vorbei, so wurden die einzelnen Haarsträhnen ganz genau auf einen spitzenbesetzten Umhang sortiert, wobei die Kaiserin gezwungen war, stundenlang ruhig zu sitzen, etwas, das bei ihrem Bewegungsdrang geradezu eine Pein für sie gewesen sein musste. Aber dem Götzen Haar brachte sie jedes nur denkbare Opfer.

An diesen Haarwasch-Tagen durften keine wie immer gearteten Termine gelegt werden, Sisi war für niemanden zu sprechen, einzig und allein ihrem Sprachlehrer oder einem Vorleser war es gestattet, der Kaiserin Gesellschaft zu leisten.

Sisis Haarpracht war legendär

»An meinen Haaren will ich sterben«, so beginnt ein
Gedicht, das aus ihrer Feder stammte und das Auskunft
darüber gibt, wie sehr die Kaiserin von ihrer Haarpracht
abhängig war. Da sie sehr häufig unter schweren Kopfschmerzen litt, begannen die Ärzte darüber nachzudenken, ob nicht das Gewicht der Haare schuld an diesem
Zustand sein könnte. Aber keiner getraute sich, der Kaiserin den Vorschlag zu unterbreiten, ihr Haar kürzen zu
lassen. Man fürchtete allgemein die Reaktion Sisis auf

so eine Zumutung, lieber verschrieb man ihr meist wirkungslose Substanzen, als an die vermeintliche Quelle des Übels heranzugehen.

Die Neigung zu migräneartigen Kopfschmerzen dürfte es auch gewesen sein, die die Kaiserin ungewöhnlich geruchsempfindlich machte, sodass sie selbst die teuersten Parfums ablehnte. Einzig und allein den Duft von Rosen und Veilchen konnte sie ertragen, sodass sich in den Cremes und Bädern, die meist in der Hofapotheke erzeugt wurden, nur diese Geruchskomponenten befanden. Dabei war Elisabeth – und das erscheint bei ihrem Haarkult eher verwunderlich – mit zusammengebrauten Substanzen für die Gesichts- und Körperpflege eher zurückhaltend. Sie vertraute lieber auf Gesichtsmasken und Ganzkörperbäder, die ihre Haut jugendlich straff erhalten sollten, wobei sie natürlich auch bei den Bädern seltsame Vorstellungen über deren Wirkung hatte: Denn niemand konnte sie von der Idee abbringen, dass sich vor allem eiskalte Bäder positiv auf die Haut auswirken würden. Deshalb verbrachte sie an manchen Tagen unvernünftig viel Zeit in nur sieben Grad kaltem Wasser. Was sie bei dieser Tortur nicht bedachte und was sie sich wahrscheinlich auch nicht von den Ärzten sagen ließ, war die Tatsache, dass ihre Gelenks- und Gliederschmerzen, an denen sie schon in jungen Jahren litt, durch die eiskalten Bäder noch verstärkt wurden.

Der Körperkult, den sie betrieb, nahm immer größere Ausmaße an: Waage und Maßband waren Elisabeths unverzichtbare Utensilien. Daneben verzichtete sie, die

ohnedies eine Wespentaille hatte, nicht auf das Korsett. Aber Sisi konnte für sich selbst nicht schlank genug sein. Daher dauerte es manchmal stundenlang, bis das mit Eisenstäben versehene Korsett zu ihrer Zufriedenheit aufs Äußerste zugezurrt war, und man sich wundern muss, wie ein so eingeschnürter Mensch überhaupt noch atmen konnte.

All die Mätzchen der Kaiserin blieben nicht ungestraft. Laut den letzten Berichten über die gealterte Frau hatte ihr Gesicht jeden Reiz verloren, die fleckige Haut war von tiefen Falten durchzogen, sodass selbst ihre engsten Begleiterinnen verstehen konnten, dass sie einen Fächer vor ihr Antlitz hielt. Durch ihr lebenslanges Untergewicht hatten sich Wasseransammlungen im Körper gebildet, die vor allem die Beine aufgedunsen erscheinen ließen – für Elisabeth ein Grund mehr, weiter zu fasten, da sie glaubte, dass ihre Beine durch Fettablagerungen anschwollen. Als die Ärzte Elisabeth nach ihrem gewaltsamen Ende obduzierten, stellten sie erstaunt Hungerödeme am Körper der Kaiserin von Österreich fest, etwas, das sonst nur bei Bettelweibern zu finden war.

Sisi hatte sich im Lauf der Jahre und Jahrzehnte selbst zu einer Kultfigur gemacht, die weit über die Grenzen der Monarchie bekannt war, sie hatte sich aber durch ihr in jeder Hinsicht übertriebenes Leben selbst vom Sockel gestürzt. Heute allerdings erlebt ihr Bild eine spektakuläre Wiedergeburt, denn sie passt mit ihrer Figur, ihren Essgewohnheiten und ihrer Bewegungssucht ganz ins 21. Jahrhundert.

Eine Kaiserin durchstreift die Welt

»Ich bin wohl desperat, hier sein zu müssen, und sehne mich fortwährend nach Ofen, wo es in jeder Beziehung so viel schöner und angenehmer ist…«[51]

Es war Wien, das die Kaiserin schon in jungen Jahren in einen Zustand der Verzweiflung stürzte, eine Stadt – von Dichtern und Musikern gepriesen –, die auf Elisabeth nicht den geringsten Charme ausübte, der sie von allem Anfang an eine Antipathie entgegenbrachte, die sich beinahe zu Hass entwickelte. Dabei war ihr die Wiener Bevölkerung – wie hätte es auch anders sein können – mit einer wahren Begeisterung entgegengekommen, war doch die junge Kaiserin so richtig nach ihrem Geschmack gewesen, jung und vor allem über alle Maßen reizend. Wie leicht hätte Sisi die Herzen für sich gewinnen können, hätte sie nur einen Hauch von gutem Willen gezeigt, wenn sie den Männern und Frauen, die sie auf die Straße gelockt hatte, freundlich zugewinkt und ihnen eines ihrer zauberhaften Lächeln gegönnt hätte. Aber sie war unfähig, sich in die Situation der einfachen Menschen zu versetzen, die wenig Vergnügungen in einer Zeit hatten, die von riesigen sozialen Unterschieden geprägt war. Sie war viel zu sehr mit sich selbst und ihren trüben Stimmungen beschäftigt, als dass sie wie eine echte Kaiserin für das Volk da gewesen wäre. Dass ein Kaiser und eine Kaiserin ohne Volk aber genau so sinnlos waren wie ohne Land,

darüber dachte Sisi in ihrer Ablehnung der Wiener wohl niemals nach.

Auch der schönste Empfang, den man ihr gerade in Wien bereitete, konnte ihren Sinn nicht ändern, denn als sie von ihrer ersten größeren Reise, die sie nach Madeira, Südspanien und Korfu geführt hatte, endlich nach Hause – wie man meinte – zurückkehrte, da wollte der frenetische Beifall in den Straßen Wiens nicht enden. Ihre Schwester Helene berichtete in einem Brief über die Freude, die über die Rückkehr der Kaiserin in Wien herrschte:

Nun haben wir sie im Lande, wie vor zwei Jahren, und doch, was liegt dazwischen, Madeira, Korfu und eine Welt voll Sorgen ... Sie wurde mit Enthusiasmus empfangen, wie ich es in Wien noch nie gehört. Sonntag ist Liedertafel und Fackelzug, wozu sich vierzehntausend Menschen meldeten. »Seinen« Ausdruck, als er sie aus dem Wagen hob, werde ich nie vergessen. Ich finde sie blühend, aber nicht natürlich aussehend, den Ausdruck gezwungen und nervös au possible, die Farbe so frisch, daß ich sie echauffiert finde, und wohl nicht mehr so geschwollen, aber sehr dick und verändert im Gesicht. Daß Prinz Karl Theodor mitkam, ist ein Beweis, wie sehr sie es scheut, mit »ihm« und uns allein zu sein.[52]

Elisabeth war zwar nach Wien zurückgekehrt, aber ihr Bleiben sollte nicht von langer Dauer sein. Sie hatte viel zu sehr die ersehnte Freiheit auf ihrer ersten größeren Reise entdeckt, die sie allein unternahm, um sich noch

einmal für längere Zeit in der Wiener Hofburg einsperren zu lassen. Als 16-jähres Mädchen, als das sie nach Wien gekommen war, hatte sie keine andere Wahl gehabt, als die Tage und Nächte an der Seite ihres Ehemannes zu verbringen. Jetzt aber war sie zu einer selbstständigen Frau geworden, die mit jedem Tag genauer wusste, was sie wollte. Und das war auf keinen Fall, die Rolle der Kaiserin zu spielen, die man von ihr erwartete. Vielleicht hasste sie gar nicht so sehr die Wiener und Wien, sondern besonders, dass man sie nach Maßstäben beurteilte, denen sie nicht gerecht werden konnte und vor allem wollte. Sie war keine solche Kaiserin, wie sie in den Geschichtsbüchern zu finden war, sie glaubte, auch in dieser Position Anspruch auf ein eigenes Leben zu haben. Und das konnte nur außerhalb der muffigen Atmosphäre der Hofburg, weit weg von Wien, stattfinden.

Schon in den ersten Ehejahren, als der Himmel zwar nicht immer voller Geigen hing, Sisi aber dennoch ihrem Ehemann echte Zuneigung, vielleicht sogar Liebe entgegenbrachte, hielt sich die junge Frau überall lieber auf als in Wien. Hatte sie in Wien das beklemmende Gefühl, nicht richtig durchatmen zu können, so war sie in Ischl wie ausgewechselt, weil hier der Zwang des Hofzeremoniells wenig zu spüren war. Und da sich Sisi kaum einen aufmerksameren Ehemann vorstellen konnte als Franz Joseph, waren auch die ersten Reisen, die das Kaiserpaar gemeinsam zunächst innerhalb der heutigen Grenzen Österreichs unternahm, die dann aber auch nach Laibach, Triest, Venedig bis Mailand führten, durchaus von Har-

monie getragen. Zwar machte sich in Oberitalien überall eine antiösterreichische Stimmung breit, aber vielleicht war es die unangenehme politische Atmosphäre, die auf Schritt und Tritt zu spüren war, dass Sisi versuchte, ihren oftmals deprimierten Gemahl aufzuheitern und ihm Mut zuzusprechen. Denn dies gelang ihr sogar nach vielen Jahren noch mit den kleinsten Gesten, wie dies anlässlich der Weltausstellung in Wien geschah. Damals war der Kaiser über einen Faux-pas seines Oberststallmeisters, des Grafen Grünne, so erzürnt, dass er ihm harte Konsequenzen androhte. Als die Kaiserin den Raum betrat, war die heftige Szene in vollem Gang. Von allen unbemerkt, näherte sich Sisi ihrem Gemahl und legte ihm ganz ruhig die Hand auf den Arm. Wie von einem Feenstab berührt, verstummte der Kaiser, und im nächsten Moment war sein Unmut verflogen.

Allein diese Gabe Elisabeths hätte der Grundstein für eine harmonische Zukunft sein können. Auf ihre leise Weise hätte sie es in der Hand gehabt, den Kaiser allmählich auf einen liberaleren Kurs zu leiten, und dadurch mittelbar auf die Politik des Kaiserreiches Einfluss nehmen können.

Sie aber hat diese Fähigkeit, die ihr vom Schicksal in die Wiege gelegt worden war, nicht genutzt.

Als Elisabeth auf dringendes Anraten der Ärzte ihre Reise zur Gesundung nach Madeira antrat, ahnte sie vielleicht selbst nicht, dass dies der Beginn eines rastlosen Suchens nach innerem Frieden werden sollte. Heute hätte man Psychotherapeuten zu Rate gezogen, die der Kaiserin

sicherlich hätten helfen können. In der damaligen Zeit aber fand Elisabeth vor allem dann einigermaßen Ruhe, wenn sie weit weg von Wien weilte. Waren Franz Joseph anfangs noch ihre Aufenthaltsorte bekannt, so lebte er, je älter beide wurden, immer mehr in einiger Ungewissheit über die Reiseziele seiner Frau. Hätte Sisi nicht ihre getreuen Hofdamen Marie Festetic oder Irma Sztáray gehabt, die regelmäßig dem Kaiser über die abenteuerlichen Reisen seiner Gemahlin Bericht erstatteten, so wäre Franz Joseph von einer Sorge in die andere gefallen. Denn aus fast jedem seiner Briefe sprach die Angst, die der Kaiser um seine ferne Gemahlin empfand, er warnte sie inständig vor Anarchisten und Attentätern, aber Elisabeth nahm die Vorstellung, irgendwo ermordet werden zu können, auf die leichte Schulter. Außerdem fürchtete sie den Tod nicht, nachdem sie nach dem Freitod ihres einzigen Sohnes ohnedies sehr depressiv geworden war. Wer sollte sie – eine alte Frau – schon umbringen wollen?

Als Elisabeth ihren Genesungsaufenthalt auf Madeira beendet hatte, kehrte sie nicht sofort nach Hause zu Mann und Kindern zurück, sondern gönnte sich noch eine abwechslungsreiche Besichtigungstour in Spanien, auf der sie überall begeistert empfangen wurde, gerade das suchte die junge Kaiserin immer zu vermeiden, was ihr aber nur höchst selten gelang. Ihr Schiff brachte sie schließlich auf die griechische Insel Korfu in eine zauberhafte Umgebung, deren Bild sie noch bis Wien im Gedächtnis behielt. Sie wollte, so schnell sie konnte, hierher wieder zurückkehren. Das war die Welt der griechischen Helden, hier

wurde die Antike für sie lebendig, ohne dass sie damals hatte ahnen können, wie sehr der Hauch der Antike, der sie hier streifte, ihr Leben prägen sollte. Als es sich nicht mehr vermeiden ließ, traf Sisi mit ihrem sie sehnsüchtig erwartenden Ehemann zusammen, der innigst hoffte, dass seine junge schöne Frau endlich an Leib und Seele gesundet sein würde.

Es waren lange Monate, die der Kaiser allein in Wien verbracht hatte. Dass er als junger gesunder Mann nicht wie ein Mönch während der langen Abwesenheit seiner Ehefrau gelebt hatte, zeigte sich gar bald an sehr unangenehmen Folgen, die auch Sisi zu spüren bekam. Denn plötzlich schwollen ihre Gelenke ohne ihr Zutun an, das Gesicht wirkte aufgedunsen und die zugezogenen Ärzte flüsterten geheimnisvoll untereinander. Schließlich reiste die Kaiserin in die Schweiz, wo man ihr helfen konnte. Natürlich blieb der jungen Frau bei aller Diskretion der Mediziner nicht verborgen, woher die eigentümlichen Schmerzen und der allgemeine Krankheitszustand gekommen waren. Für Sisi schien eine Welt zusammengebrochen zu sein, als sie von der Untreue ihres Mannes erfuhr. In der Traumwelt, in der sie lebte, hätte sie sich diese menschlichen Schwächen des Kaisers, der Tag für Tag mündlich oder brieflich versicherte, wie sehr er sie liebte, nicht vorstellen können. Wie auch immer sich die ehelichen Auseinandersetzungen abgespielt hatten, Elisabeth konnte Franz Joseph diese Untreue »bis in den Tod nicht verzeihen«, wie sie später ihrer Tochter Valerie gegenüber äußerte.

Der Bruch, der die beiden Eheleute entzweite, war nicht mehr zu kitten, dazu war Sisi viel zu nachtragend. Jetzt hatte sie allen Grund, das Ehebett zu meiden und nützte die Chance weidlich aus, sich auch physisch vom Hof zu entfernen. Sie besuchte ausgiebig ihre Mutter in Possenhofen, war Gast bei ihren Geschwistern und weilte nicht mehr als irgend nötig in Wien, wo sich die Lage durch die politischen Spannungen um Schleswig und Holstein zuspitzte, die schließlich im Österreichisch-Preußischen Krieg von 1866 endeten.

In dieser für das habsburgische Kaiserreich ungemein gefährlichen Zeit sprang Sisi über ihren Schatten. Sie verzichtete nicht nur auf jegliche Reisen, sie stand darüber hinaus ihrem Mann als echte Ratgeberin und Trösterin zur Seite. Auch als sich die beinahe aussichtslose Situation für den österreichischen Kaiser im letzten Moment durch die Diplomatie Bismarcks entschärfte, erkannte die Kaiserin noch eine weitere politische Aufgabe: Sie schlug Franz Joseph den Ausgleich mit Ungarn vor – zum Dank für die Loyalität, die die Ungarn im Krieg gezeigt hatten.

Die Krönung zur Königin von Ungarn war sicherlich der Höhepunkt im Leben Elisabeths. Begeistert umjubelt nahm sie an der Seite ihres Gemahls die Huldigung des ungarischen Volkes entgegen. Und die Ovationen der feurigen Magyaren waren ihr alles andere als unangenehm. Als Krönungsgeschenk überreichte eine ungarische Delegation dem Kaiserpaar feierlich die Schlüssel zu Schloss Gödöllö, das für die Kaiserin in den nächsten Jahren zum Refugium werden sollte.

Noch genügte Sisi die eher kurze Reise nach Ungarn, um dem Hofleben in Wien zu entfliehen und ihrer Sehnsucht nach Freiheit Genüge zu tun. Dass man in Wien keineswegs erfreut war über die ständige Abwesenheit der Kaiserin, blieb in der Erinnerung eines jeden Bürgers der Donaumonarchie bis in die unmittelbare Verangenheit haften. Man führte über die Abwesenheit Elisabeths genau Buch und registrierte mit äußerstem Missmut, dass Sisi allein in einem Jahr 200 Tage in Gödöllö verbrachte, anstatt ihre Aufgaben als Kaiserin in Wien wahrzunehmen. Aber sie hatte endlich das Joch, in das sie gezwängt worden war, in jeder Hinsicht abgeschüttelt. Nach heftigen Diskussionen innerhalb der Kaiserfamilie war es Elisabeth gelungen, ihren Willen durchzusetzen und das zu tun, was sie für richtig hielt. Was natürlich nicht bedeutete, dass es für sie auch richtig war.

Die Folge der ungarischen Politik, zu der sich Franz Joseph durch den Einfluss Sisis durchgerungen hatte, war das so genannte »ungarische Kind«, Marie Valerie, die 1868 zur Welt kam. Für Elisabeth die »Einzige«, eine Tochter, die eigentlich nach dem Wunsch der Mutter hätte ein Sohn werden sollen: Sie hatte den geliebten Ungarn einen König schenken wollen. Weil Sisi zu ihren beiden Kindern Gisela und Rudolf alles andere als ein inniges Verhältnis hatte, beanspruchte sie die Verantwortung für die Erziehung ihrer kleinen Tochter von Anfang an für sich. Sie wollte dieses Kind ständig um sich haben, kein Tag sollte vergehen, ohne dass ihre Tochter bei ihr war. Deshalb nahm sie Valerie schon als Kleinkind mit auf

ihre ausgedehnten Reisen, hütete sie wie ihren Augapfel und war ungewöhnlich ängstlich, was die Gesundheit der Tochter betraf. Täglich musste einer der Ärzte Valerie untersuchen, um nur ja jedes erste Anzeichen irgendeiner kindlichen Unpässlichkeit der hysterischen Mutter zu melden.

Obwohl sich Sisi nach der Geburt der Tochter wieder äußerlich, aber auch innerlich von ihrem Ehemann entfernte, gab es Anlässe, denen sich Sisi nicht entziehen konnte, da sie die Anwesenheit der Kaiserin in Wien absolut erforderten. Und obwohl sie immer wieder in verschiedene Fettnäpfchen trat – bewusst oder unbewusst –, wenn sie ausländische Gäste zu begrüßen hatte, bewunderte man jeden ihrer Auftritte grenzenlos. Als der Schah von Persien, dem die attraktivsten Frauen seines Landes zu Füßen lagen, im Jahr 1873 zur Weltausstellung in Wien weilte, konnte er nicht glauben, dass es noch schönere Frauen auf dieser Erde gab, als diejenigen, die er bisher gekannt hatte. Als er vom Kaiserpaar empfangen wurde, blieb er zunächst wie angewurzelt stehen, dann begann er vor aller Augen mit offenem Mund um Elisabeth mehrmals herum zu gehen, betrachtete sie durch ein Lorgnon von Kopf bis Fuß und war vor Erstaunen über ihr perfektes Äußeres nicht in der Lage, auch nur ein Wort herauszubringen.

So lang ihre Tochter Marie Valerie noch in ihrer Nähe weilte, hatte Elisabeth eine gewisse Aufgabe, die sie dazu zwang, doch ab und zu für ein paar Monate in Wien zu verweilen. Aber schon damals verspürte sie den unbe-

zähmbaren Drang, in die Fremde zu ziehen und Neues zu erkunden. Unbekannte Länder lockten sie mit Macht.

Aber nicht gewöhnliche Reisen, wie sie für die Damen der Gesellschaft üblich waren, reizten die Kaiserin, sie wollte etwas anderes erleben, bisher nie Geschautes sehen, gefährliche Abenteuer waren es, die sie faszinierten und die selbst in der heutigen Zeit einiges Erstaunen hervorrufen würden. Denn die Kaiserin hielt sich weder an bestimmte Spielregeln noch an herkömmliche Normen. Ohne Rücksicht auf Sitten und Gebräuche des Landes unternahm sie Besichtigungstouren, die äußerst ungewöhnlich waren. Ohne große Ankündigungen kletterte sie in Griechenland auf schroffe Felsen, sodass die sie begleitenden Hofdamen nur noch die Augen vor Entsetzen schlossen, schließlich wäre es ihnen unmöglich gewesen, der Kaiserin zu Hilfe zukommen, hätte diese einen Fehltritt getan. Als sich ihre Begleitung von dem allgemeinen Schrecken erholt hatte, äußerte Sisi den Wunsch, durch unwegsame Wälder streifen zu wollen, in denen ihrem Gefolge der Schauer über den Rücken lief. Marie Festetics, die der Kaiserin ein Leben lang treu ergeben war, berichtete tief deprimiert über die Extremtouren Elisabeths an Ida von Ferenczy: »Ein Schatten liegt über ihrer Seele … Glaube mir, blutige Tränen weint mein Herz … Dabei macht sie Dinge, dass dem Menschen nicht nur das Herz, sondern auch der Verstand stehen bleibt.«

Aber Sisi schreckte in ihrem Drang, alles zu erkunden, vor nichts zurück. Für sie als Kaiserin von Österreich existierten weder Verbotsschilder, noch Zäune und hohe

Hecken. Wenn ihr der Sinn danach stand, drang sie in fremde Gärten oder Häuser ein, wobei es sie höchstens amüsierte, dass die Besitzer über den unerwarteten Besuch keineswegs beglückt zu sein schienen. Eines dieser Abenteuer allerdings hätte für Sisi beinahe äußerst dramatisch enden können, denn eine alte Frau geriet über den Eindringling so in Wut, dass Elisabeth Hals über Kopf die Flucht ergreifen musste. Als Franz Joseph von dem unliebsamen Vorfall erfuhr, rügte er in seinem nächsten Brief »seine geliebte Seele«:

Ich bin froh, daß Deine Nizzaer Indigestion so rasch vorüber gegangen ist und daß Du dort von der alten Hexe nicht auch noch Prügel bekommen hast, aber es wird doch noch einmal dazu kommen, denn man dringt den Leuten nicht so uneingeladen in die Häuser.

Nicht nur der Kaiser hatte mit seiner ruhelosen Frau seine liebe Not, vor allem litten die Hofdamen unter der ununterbrochenen Sucht nach Abwechslung. Es war wahrlich kein leichter Dienst, den vor allem Gräfin Festetic an der Seite der Kaiserin zu verrichten hatte. Aber allmählich überspannte Elisabeth den Bogen und mutete ihrer Hofdame mit ihren stundenlangen strapaziösen Besichtigungstouren durch die Städte bei Wind und Wetter zu viel zu, sodass Marie Festetic um ihren Abschied bat. Wahrscheinlich war es Elisabeth nicht in den Sinn gekommen, darüber nachzudenken, dass die rundliche wesentlich ältere Hofdame, die ihr Leben ganz in den Dienst Sisis

gestellt und auf ein persönliches Glück an der Seite eines Mannes, der sie liebte, verzichtet hatte, nicht mehr über die nötige körperliche Verfassung verfügte, um die übergroßen Strapazen unbeschadet aushalten zu können. Die wesentlich jüngere Gräfin Janka Mikes nahm ihre Stelle ein, nachdem sie zuvor auf Herz und Nieren geprüft wurde, ob sie in der Lage sein würde, mit der Kaiserin Schritt zu halten.

Viel später verließ sie auch der ihr treu ergebene Freiherr Franz von Nopcsa, da er sich mit fortgeschrittenem Alter außer Stande sah, weiterhin die zahlreichen Gefahren an der Seite der unermüdlichen Kaiserin durchzustehen. Neuer Obersthofmeister wurde der für seine Reitkünste bekannte Generalmajor Adam von Berzeviczy, der sehenden Auges seine außerordentliche Position an der Seite der exzentrischen Kaiserin antrat. Berzeviczy war ein Mann, der weder Tod noch Teufel und schon gar nicht Elisabeth trotz ihrer Launen und Marotten fürchtete. Er nahm sich niemals ein Blatt vor den Mund und erteilte der Kaiserin von Österreich so manche herbe Rüge, die sie aber keineswegs krumm nahm. Im Gegenteil, es amüsierte Sisi, wenn jemand es wagte, ihr die Meinung zu sagen. Auch hatte der Graf Humor: Als er davon unterrichtet wurde, dass eine von allen gefürchtete Reise mit dem Schiff »Greif« bevorstand, bemerkte er lakonisch: »Auf der Hutschen werd' ich sicherlich wieder seekrank.«

War die Kaiserin schon in den Jahren nach dem Ausgleich mit Ungarn reiselustig gewesen, so steigerte sich diese Eigenschaft nach dem Tod ihres Sohnes Rudolf und

der Hochzeit ihrer »Einzigen« im Sommer 1890 geradezu zur Sucht. Um in jeder Hinsicht freie Hand zu haben und um ihr schlechtes Gewissen zu beruhigen, hatte sie selbst ihrem Ehemann in der Schauspielerin Katharina Schratt eine Gefährtin ausgesucht, mit der sie sich ebenfalls bestens verstand und von der sie erwartete, dass sie dem alternden Kaiser die vielen einsamen Stunden verschönern würde. Dass sie allerdings am Anfang dieser merkwürdigen Beziehung Anwandlungen der Eifersucht verspürte, war auch für sie neu, hatte sie doch jeden intimen Kontakt zu Franz Joseph längst abgebrochen. Weshalb sollte sie es ihm verargen, wenn seine Gefühle für Katharina Schratt weit über väterliche oder brüderliche hinausgingen?

Wie sie glaubte, konnte sie mit ruhigem Gewissen auf Reisen gehen. Doch sie fand zwar Abwechslung aber kein Zuhause, wenngleich sie vielleicht zunächst die Hoffnung hegte, dass das Achilleion, das sie sich auf der Insel Korfu um teuerstes Geld erbauen ließ und das sie ganz nach ihren Vorstellungen und Wünschen ausstattete, für sie einen gewissen Ruhepol bilden würde. Auch Franz Joseph, der seiner Gemahlin jede noch so hohe Summe zur Verfügung stellte und der nie nachfragte, wie die Gelder verwendet wurden, hatte gehofft, dass Elisabeth wenigstens vorübergehend ihre gefährlichen Wanderschaften unterbrechen würde. Schon als der Kaiser 1886 seiner Frau auf deren Wunsch hin die Hermesvilla inmitten eines schwer zugänglichen Areals im Lainzer Tiergarten (heute Teil des 13. Wiener Gemeindebezirks) hatte erbauen lassen,

Das Achilleion auf Korfu

war er von dem Gedanken beseelt gewesen, für Sisi einen Platz zu schaffen, an dem sie sich heimisch fühlen konnte. Aber da wie dort verlor sie bald das Interesse an den Bauten – vielleicht deshalb, weil diese alles andere als gemütlich waren. Dem schwülstigen Stil Hans Makarts folgend, war nicht nur die Hermesvilla kitschig überladen – allein das Schlafzimmer Sisis war mit Szenen aus dem Sommernachtstraum dekoriert – auch das Achilleion zeugt keineswegs von exquisitem Geschmack. Wie hätte dies auch sein können, hatte Sisi ja keine Fachleute zu Rate gezogen, sondern ihrem Vertrauten, dem österreichischen Konsul in Griechenland Alexander von Warsberg den Auftrag erteilt, alles zum Bau Erforderliche zu beschaffen und aus der kleinen Villa in Gasturi, in der sie sich seinerzeit wohlgefühlt hatte – die war nämlich wirklich gemütlich – ihr »Heiligtum«, das Achilleion zu erbau-

en. Und da Warsberg auf Schritt und Tritt die Bewunderung der Kaiserin für die Helden der griechischen Mythologie erlebte, die er durch seine begeisterten Erzählungen angefacht hatte, konnte es nicht anders sein, als dass er die neue Prachtvilla für Elisabeth in Stil der griechischen Antike projektierte. Warsberg sollte die Fertigstellung des Achilleion nicht mehr erleben, trotzdem wurde es in dem von ihm vorgegebenen Stil vollendet.

Kaum waren die letzten Arbeiten beendet, kaum konnte Sisi sich in den künstlich angelegten Hainen ergehen, da begann sie schon das Interesse an diesem pompösen Bauwerk zu verlieren. Was sollte sie eigentlich noch hier, sie die wie eine Möwe ständig von Ort zu Ort fliegen musste, heute an den Gestaden des Mittelmeeres weilte und morgen schon an der Nordsee, wie sie sich in ihren »Nordseeliedern« beschrieb. Für sie konnte es kein Zuhause geben, auch wenn jahrelang und kostspielig dafür gearbeitet worden war. Als sich Elisabeth zu dieser Erkenntnis durchgerungen hatte, deutete sie vorsichtig dem Kaiser an, ob es nicht sinnvoll wäre, den kleinen Palast zu verkaufen, eventuell an einen reichen Amerikaner, um mit dem eingenommenen Geld ihre Tochter Valerie und deren Familie zu unterstützen.

Franz Joseph hatte alles andere erwartet, als so ein Angebot. Er war im Lauf der Jahre an viele Marotten, an zahlreiche Spleens seiner Frau gewöhnt, aber diesmal überspannte Sisi den Bogen. Und obwohl der Kaiser stets ein ungewöhnlich splendider Mann war, was die Wünsche seiner exzentrischen Gemahlin betraf, wurde er diesmal

von Ärger übermannt, dem er in einem Brief immerhin noch auf sehr dezente Weise Luft machte, indem er seiner Frau vor Augen führte, dass Valerie und ihre Familie auch nicht am Hungertuche würden nagen müssen, wenn Elisabeth das Achilleion behielte:

Die Angelegenheit müßte jedenfalls mit großer Vorsicht und viel Takt eingeleitet werden, um sie halbwegs anständig erscheinen zu machen, und doch wird sie viel Staub aufwirbeln ... Für mich hat Deine Absicht auch eine traurige Seite. Ich hatte die stille Hoffnung, daß Du, nachdem Du Gasturi mit so viel Freude, mit so viel Eifer (und so viel Geld, Anm.d.Vf.) *gebaut hast, wenigstens den größeren Teil der Zeit, welche Du leider im Süden verbringst, ruhig in Deiner neuen Schöpfung bleiben würdest. Nun soll auch das wegfallen, und Du wirst nur mehr reisen und in der Welt herumirren.*[53]

Es waren gut gemeinte, aber auch sinnlose Worte, die der Kaiser an seine Gemahlin gerichtet hatte, wusste doch auch er zu genau, dass Sisi immer das tat, was sie sich vorgenommen hatte. Wenn sie nun ihre Verkaufspläne hintanstellte, so war dies sicherlich nur für kurze Zeit. Denn als sie ihren Palast endlich mit den letzten Statuen ausgestattet hatte, als endlich die Büste von Heinrich Heine aufgestellt war, zog sie den endgültigen Schlussstrich. Natürlich fand sie ihrem Gemahl gegenüber immer neue Begründungen, warum sie sich vom Achilleion trennen wollte. Ein Grund für sie war, dass weder Schwiegersohn

Franz Salvator noch Marie Valerie eine besondere Vorliebe für diesen Bau entwickelt hätten. Wer sollte daher dereinst das Achilleion erben? An ihre zweite Tochter Gisela und deren Familie in München dachte sie ohnehin sehr selten.

So mancher in ihrer Umgebung war von dem Plan überrascht, das Achilleion zu verkaufen, nicht aber ihre Tochter Valerie, denn ihr gegenüber hatte sich die Mutter schon mehrmals dahingehend geäußert, dass sie in dem Moment tot wäre, wenn sie an einen Ort gebunden werde.

Sisi gehörte zu den Menschen, die man zu allen Zeiten findet, die wie der Fliegende Holländer durch die Welt ziehen müssen, ohne eigentlich verflucht zu sein. Und sie hatte einen Mann, der all ihre Unternehmungen finanzierte, anders als die meisten Frauen ihrer Zeit. Elisabeth konnte sich jeden Wunsch erfüllen, wobei sie niemals nachfragte, wie hoch die Kosten für ihre Reisen sein würden. Dabei hatte sie manchmal nicht die geringste Ahnung, wo sie eigentlich den nächsten Aufenthalt nehmen wollte und sie vermochte daher der Besatzung der Schiffe nicht klare Anweisungen zu geben, wo sie vor Anker gehen wollte. Daher musste man in den kaiserlichen Kassen schon viel Geld locker machen, dass sich die Kapitäne der Schiffe bereit erklärten, der Kaiserin von Österreich zu dienen, denn ihre Wünsche nach gefährlichen Abenteuern waren bekannt und mit der Zeit berüchtigt. Es war nicht nur einmal, dass die Besatzung aufatmete, wenn man mit knapper Not aber doch noch lebend den nächsten Hafen erreicht hatte. Auch ihre Begleitung schickte

ein Stoßgebet nach dem anderen zum Himmel, um Rettung aus höchster Not. Und allen entrang sich ein Seufzer der Erleichterung, wenn die tausend Gefahren und Qualen einer Seereise ausgestanden waren und man endlich wieder festen Boden unter den Füßen verspürte.

Für ihre wilden Fahrten übers Meer wählte die Kaiserin keineswegs immer nur Luxusschiffe aus, obwohl ihr natürlich auf Grund ihrer Stellung jedes beliebige Schiff der österreichischen Flotte zur Verfügung stand. Aber Sisi suchte das Abenteuer in jeder Hinsicht, und so ließ sie den Segelkutter »Chazalie« anheuern, der alles andere als komfortabel war, ja nicht einmal einen sicheren Eindruck machte. Aber das, was für ihre Begleitung angenehm gewesen wäre, war für Elisabeth keineswegs wichtig. In ihren Träumen schwebte ihr sogar vor, ein eigenes Schiff bauen zu lassen, das sie »Liberty« nannte. In einem ihrer Gedichte brachte sie ihre Vorstellungen zum Ausdruck:

»Liberty«
Ja ein Schiff will ich mir bauen!
Schönres sollt ihr nimmer schauen
Auf dem hohen weiten Meer;
»Freiheit« wird vom Maste wehen
»Freiheit« wird am Buge stehen.
Freiheitstrunken fährt's einher.

»Freiheit«! Wort aus goldnen Lettern,
Flattert stolz in allen Wettern
Von des Mastes schlankem Baum,

Freiheit atmen meine Nüstern,
Freiheit jauchzt der Wellen Flüstern,
Freiheit! dann bist du kein Traum!

Sucht es dann ihr Telegraphen,
Für ein Hoffest mich zu schaffen
In die Kerkerburg zurück;
Fischt im Klaren, fischt im Trüben,
Fang die Möwe nach Belieben;
Hurrah! wir sind frei und flügg'!

Von den Spitzen meiner Finger
Send ich euch, ihr lieben Dinger,
Die mich einst gequält so sehr,
Einen Kuss und meinen Segen,
Schert euch nimmer meinetwegen;
Ich bin frei auf hohem Meer!

Die Freiheit, die die Kaiserin immer noch so sehr pries, hatte sie längst zu der Zeit erreicht, als sie dieses Gedicht schrieb. Denn niemand stellte sich gegen ihren Willen. Und Franz Joseph war der Letzte, der seine Frau zurückhielt, wenn Sisi, je älter sie wurde, Wien zu entfliehen suchte. Der Kaiser hatte es längst aufgegeben, Elisabeth mit irgendwelchen Argumenten zurückzuhalten, denn er hatte erkannt, dass sich seine Gemahlin nur dann ihm gewogen zeigte, wenn sie möglichst weit von einander getrennt waren, obwohl Elisabeth – das geht aus den Briefen Franz Josephs deutlich hervor – ihn immer wieder zu

überreden suchte, seine Pflichten als Herrscher nicht so ernst zu nehmen und sich mehr Freizeit und Urlaub zu gönnen, den sie in Gemeinsamkeit verbringen könnten. Gab Franz Joseph dann tatsächlich ihrem Drängen nach, zeigte sie sich in der kurzen Zeit des Zusammenseins manchmal äußerst ungnädig ihm gegenüber, was er mit traurigen Kommentaren in seinen Briefen vermerkte. Liebevoll, wie er bis an das plötzliche Ende seiner Gemahlin ihr gegenüber war, hoffte er aber immer wieder auf ihre baldige Rückkehr und auf harmonische Stunden.

Sisis Umgebung hatte es in den langen Jahren gelernt, sich ganz auf die Kaiserin einzustellen. Wahre Engelsgeduld war nötig, die oft unverständlichen Launen der »hohen Frau« zu ertragen, vor allem dann, wenn man um sein Leben zittern musste. Und das war mehr als einmal der Fall. Die Kaiserin beanspruchte ihre treu ergebene Begleitung nicht nur durch ihre stundenlangen Fußmärsche und Besichtigungstouren, am ärgsten empfand Gräfin Festetic die abenteuerlichen Seereisen. Als die »Chazalie« bei unruhiger See in Dover auslief, ahnten sowohl das Gefolge Sisis als auch die Mannschaft, dass allen eine stürmische Reise bevorstehen würde. Was aber dann passierte, übertraf die Ängste aller. Voller Verzweiflung berichtete Marie Festetic an Ida von Ferenczy am 27. August 1890:

Über die Fahrt kann ich nur sagen, es war entsetzlich ... ein Wunder, daß wir das Ufer erreichten. Niemand kann sich vorstellen, wie es war ... Was ich in den ersten achtzehn Stunden gelitten habe, ist unbeschreiblich ... Der Ge-

danke, wieder auf das Schiff zurückkehren zu müssen, ist
entsetzlich. Ich bete, daß ich die Kraft nicht verliere; ... das
alles ist auch mir zu viel.

Nicht zu viel war es der Kaiserin, für die das Meer nicht
genug toben konnte. Wenn sämtliche Damen ihres Ge-
folges und auch Freiherr von Nopcsa schon längst seekrank in den Kabinen lagen und selbst die Besatzung sich
über die Reling beugte, dann war ihr erst so richtig wohl
zumute. Elisabeth gab den Befehl, sie an einen Mast zu
binden, damit sie nicht über Bord gespült werden konnte,
und dann genoss sie die gewaltigen Wellen, die das Schiff
beinahe zum Kentern gebracht hätten. Sisi war so richtig
in ihrem Element. Hätte die Kaiserin in die Zukunft blicken können, hätte sie erfahren, dass es 150 Jahre später
eine Sportart geben würde, die genau auf ihren Leib ge-
schneidert gewesen wäre: Wellenreiten und Windsurfen.
Sie wäre sicherlich eine extreme Windsurferin geworden,
die bei großer Windstärke auf dem schmalen Brett aufs
Meer gefahren wäre, um dort ihre Salti zu schlagen.

Kaum eine Frau des 19. Jahrhunderts hatte – wie die
Kaiserin von Österreich – einerseits die Möglichkeit, derartige Abenteuer zu suchen und zu bestehen, andererseits auch kaum den Mut zu derlei waghalsigen Aktionen.
Dem Kaiser, der im allgemeinen nicht gern reiste und sich
ein Leben lang ein beschauliches Leben im Kreise einer
Familie gewünscht hatte, mussten die Haare zu Berge
gestanden sein, wenn er nur einen Bruchteil von dem
erfuhr, was seine geliebte Engels-Sisi in fernen Ländern

alles aufführte. Es grenzte an ein Wunder an Gutmütigkeit, dass Franz Joseph all die Launen seiner Frau mit Geduld ertrug.

Elisabeth unternahm ihre Reisen an den Gestaden der Nordsee und rund ums Mittelmeer einzig und allein zu ihrem Privatvergnügen, denn aufregende Abenteuer lenkten sie von ihrer Rastlosigkeit vorübergehend ab. Andere Motive gab es für sie nicht. Es kam ihr nie in den Sinn, dass sie als Repräsentantin der Monarchie vielleicht einen politischen Beitrag hätte leisten können, denn schließlich hätte man der schönsten Frau Europas nicht widerstanden. Dieser Ruf verblasste auch nicht, als sie keineswegs mehr jung war. Immer noch war man begierig, die schöne Kaiserin einzuladen und fühlte sich geehrt, wenn sie sich höchst selten herabließ, für kurze Minuten einer Einladung Folge zu leisten. Wahrscheinlich hatte es der Kaiser längst aufgegeben, seine Gemahlin zu bitten, in anderen Ländern diplomatisch tätig zu sein, denn außer an Ungarn fand Sisi nirgendwo Interesse sich zu präsentieren. Nicht einmal die Einladung des Papstes nahm sie an, geschweige denn die Einladung des italienischen Königspaares, das für Elisabeth ohnehin unrechtmäßig auf dem Thron des geeinten Italiens saß. Überall, wohin sie kam, ließ sie sofort die Nachricht verbreiten, dass sie höchst privat unterwegs wäre und daher keinerlei offiziellen Verpflichtungen nachkommen werde.

Außerdem wünschte sie nicht gestört zu werden.

Im Allgemeinen akzeptierte man den Wunsch der Kaiserin, nur hie und da trafen doch Einladungen an Bord

ihrer Schiffe ein, die sie aber rundweg ablehnte. So gab sie auch der portugiesischen Königsfamilie ziemlich unwirsch einen Korb, ein Affront, durch den sich vor allem die Königinwitwe Maria Pia brüskiert fühlte. Pikiert schickte Maria Pia an die Begleitung der Kaiserin folgendes Schreiben: »Sagen Sie Ihrer Majestät, dass ich darauf halte, sie zu sehen, und dass, wenn sie nicht zu uns nach Cinta kommt, ich sie auf ihrem Schiffe werde aufsuchen müssen.«[54]

Sisi blieb nichts anderes übrig, sie musste gute Miene zum bösen Spiel machen, das ihr gleichsam aufoktroyiert worden war, aber nach einigen Minuten des gezwungenen »Small talk« in einer denkbar frostigen Atmosphäre verabschiedete sie sich. Obwohl ihr von der Königinwitwe eine Benimmregel aufgezeigt worden war, zog Elisabeth auch weiterhin keine Lehren daraus, denn sie ließ sich auf keine Weise und von niemandem einengen, auch wenn es nur für ein paar Stunden gewesen wäre.

Ruhelos durchquerte sie das Mittelmeer, jahrlang auf den Spuren der antiken Helden, wie einst Odysseus, dem sie sich nahe fühlte. Selbst die kleinsten griechischen Inseln waren Ziel ihrer Reisen, wenn sie erfahren hatte, dass sich hier einst Heldentaten abgespielt hatten. Durch verschiedene Lehrer hatte sie in relativ kurzer Zeit Neugriechisch gelernt, das sie auf Schritt und Tritt zu vervollkommnen trachtete. War es zunächst Konsul Warsberg gewesen, der ihr die Unterschiede zwischen dem Altgriechischen und dem Neugriechischen aufgezeigt hatte, so engagierte die Kaiserin nach einiger Zeit einen kleinen

unscheinbaren Griechen, der mit seinem Bruder in Wien lebte: Konstantin Christomanos. Seine Aufgabe war es, Sisi überall hin zu begleiten, vor allem auf ihren langen Fußmärschen, wo er mit ihr nicht nur Schritt halten musste, was dem kurzbeinigen Griechen einige Probleme machte, sondern zusätzlich ihr griechische Lektionen zu erteilen hatte. Aber Elisabeth wollte keine Stunde des Tages vorübergehen lassen, ohne in die griechische Poesie eingeführt zu werden und so musste Christomanos neben der Kaiserin herkeuchen, um ihr aus verschiedenen Büchern die entsprechenden Stellen vorzulesen. Für Sisi schien diese seltsame Methode einleuchtend zu sein, denn sie fragte eines Tages ihren Bruder Carl Theodor, einen angesehenen Augenarzt, warum er sich nicht während seiner Spaziergänge vorlesen ließe. Worauf der Bruder die lakonische Antwort gab, er würde dies niemals tun, denn er wollte nicht für verrückt gehalten werden.

Es waren noch einige Lehrer, die die Kaiserin im wahrsten Sinne des Wortes »verbrauchte«. Denn auf die Dauer hielt keiner die Strapazen durch, die Sisi von jedem einzelnen verlangte. Selbst der verliebte Christomanos, der aus seiner Bewunderung für Elisabeth kein Hehl mehr machte, war schließlich froh, sich ins Privatleben zurückziehen zu können, obwohl er beim Abschied eine Träne zerdrückte. Nur Frederic Barker, ein gut aussehender junger Mann, der das Englische ebenso perfekt beherrschte wie das Griechische, da seine Eltern ihm diese Sprachen schon als Kleinkind beigebracht hatten, konnte den Ansprüchen der Kaiserin auf Dauer gerecht werden. Er war

es auch, der regelmäßige Berichte über die Irrfahrten Elisabeths an den Kaiser schickte, die allerdings zuerst aus dem Englischen übersetzt werden mussten, da Franz Joseph zwar etliche Sprachen der Monarchie mehr oder weniger gut verstand, im Englischen aber keineswegs so versiert war, dass er alle Einzelheiten der Schreiben, die er so sehnsüchtig erwartete, verstanden hätte. Ab und zu schickte er deshalb mahnende Zeilen an seine ferne Gemahlin, dass wenigstens Baker regelmäßig schreiben sollte, damit er eine Ahnung habe, in welchen Regionen sich seine Frau aufhielt.

Da Elisabeth das Neugriechische so wie seinerzeit das Ungarische zu einer Art Perfektion gebracht hatte, war es verständlich, dass sie gerade in diesen Ländern gern und häufig zu Gast weilte, deren Sprache sie sprach. Dabei unterließ sie es in ihrer oftmals zynischen Art nicht, die eine oder andere Person bis auf die Knochen zu blamieren. Als sie nämlich am griechischen Königshof ausnahmsweise zu Gast weilte, war nur die junge deutsche Kronprinzessin Sophie anwesend, die sympathische Tochter des deutschen Kaisers Friedrich. Und obwohl Elisabeth vermutete, dass Sophie noch keineswegs die griechische Sprache beherrschte, begann sie eine Unterhaltung auf griechisch, bei der Sophie kein Wort verstand, was der mitgereisten Valerie und deren jungem Ehemann Franz Salvator einigermaßen peinlich war. Sisi amüsierte es, wenn sie andere Menschen in Verlegenheit bringen konnte. So sprach sie ungeniert mit Christomanos griechisch über ihre ungarischen Hofdamen und ungarisch über Christomanos in

Konstantin Christomanos, Griechisch- vorleser und Verehrer Sisis

dessen Anwesenheit, wobei sie in ihrer Wortwahl keineswegs zimperlich war.

Für Sisi war es ein Glück, dass die Überwachungsmaschinerie für Prominente im 19. Jahrhundert zwar vorhanden war, aber lange noch nicht so ausgeklügelt wie in unseren Tagen funktionierte. Wahrscheinlich hätte man heute das Attentat auf sie zu verhindern können. Damals allerdings wären keine ihrer Reisen möglich gewesen, hätte man die heutigen Sicherheitsmaßnahmen treffen wollen. Alle Detektive und Observierungsbeamte der Monarchie hätten allein für die Kaiserin aktiv sein müssen. Zwar trafen hin und wieder Berichte der Sicherheitsbeamten in Wien ein, die die Kaiserin zu schützen hatten, aber bei dem rastlosen Leben, das Sisi führte, grenzte es beinahe an

ein Ding der Unmöglichkeit, Elisabeth rund um die Uhr zu bewachen. Vor allem in den nordafrikanischen Staaten war man nicht in der Lage, mit dem Tempo, das die Kaiserin vorgab, Schritt zu halten. So schickte die ägyptische Regierung ein Bulletin nach Wien, in dem sie erklärte, dass es unmöglich sei, die österreichische Kaiserin auf ihren ausgedehnten Besichtigungstouren zu schützen. Dass sie damit nur Sisi entgegenkamen, aber die Sorge des Kaisers um seine Frau vermehrten, konnten sie freilich nicht wissen. Denn alles, was Elisabeth zu verhindern suchte, war, dass man ihr folgte. Sie wollte mit einer ihrer Hofdamen allein ihre Gewalttouren unternehmen und tun und lassen, was ihr beliebte. Die Spielregeln für ihre Unternehmungen machte sie sich selbst. Wann immer es ihr einfiel, betrat sie Lokale, in die sich bisher sicherlich noch keine Frau und schon gar nicht eine Europäerin gewagt hatte. Sie kümmerte sich nicht um die erstaunten, ja feindseligen Blicke der muslimischen Männer, für die es auch heute noch eine Ungeheuerlichkeit darstellt, wenn eine Frau ein nur für Männer bestimmtes Lokal betritt. Ohne mit der Wimper zu zucken, bestellte Elisabeth für sich und Gräfin Irma Sztáray Pfefferminztee, wobei sie nicht einmal wusste, ob die Gräfin Geld bei sich hatte. Sisi hatte nie einen roten Heller in der Tasche, sodass sie nicht nur einmal schon im Schuldturm gelandet wäre, hätten nicht ihre Hofdamen ihre Rechnung bezahlt.

In ihrem Abenteuerdrang zögerte die Kaiserin auch nicht, sich mitten ins Gewühl eines orientalischen Basars zu stürzen, völlig ungewöhnlich für eine Dame der ersten

Gesellschaft. Unerkannt konnte sie hier in den dargebotenen Waren wühlen und zusammen mit einer ihrer Hofdamen um die Preise feilschen, ein Vergnügen, das sie sich nicht entgehen ließ. Auf diese Weise erstand Sisi Dinge, von denen sie selbst nicht wusste, wozu sie diese einmal gebrauchen sollte. Die meisten Souvenirs kaufte sie natürlich für ihre Lieblingstochter und später für deren Kinder, um die sie sich allerdings nicht besonders kümmerte, da sie ihre Rolle als Großmutter eher als eine Belastung empfand. Für sie gab es nur ihre Valerie, was für das heranwachsende Mädchen eine schwere Hypothek bedeutete, die später auf der Seele der Frau schwer lastete. Denn nicht nur einmal erklärte ihr die Mutter, dass nur sie, Valerie, allein der Grund sei, warum sie noch am Leben war. Dabei fühlte sich die Tochter mehr zum Vater in seiner ruhigen, gütigen Art hingezogen als zu ihrer überspannten Mutter, die ihre Gefühle niemals verbarg und andere durch ihre Undisziplin in Schwierigkeiten brachte. Außerdem erzeugte sie in der Tochter überdies ein schlechtes Gewissen den Geschwistern gegenüber, da es unschwer zu erkennen war, dass namentlich Rudolf unter der Bevorzugung der jüngeren Schwester litt. Für ihn war die Mutter nicht nur eine bewundernswerte schöne und intelligente Frau, er wollte von ihr genauso geliebt werden wie die Schwester. Aber diese Gefühle ihres einzigen Sohnes bemerkte Elisabeth nicht oder setzte sich über sie hinweg. Erst als es viel zu spät war und der Sohn in seiner inneren Leere aus Verzweiflung heraus seinem Leben ein Ende bereitet hatte, war Elisabeth außer sich vor Schmerz. Als

Mater dolorosa, die in den nächsten Jahren stets Schwarz in Schwarz erschien – nur anlässlich des Geburtstages ihres Mannes vertauschte sie ihre Einheitsuniform mit modischer Kleidung – zog sie noch ruheloser als bisher durch die Welt und nichts und niemand vermochte sie zu trösten. Selbst bei der Tausend-Jahrfeier des ungarischen Staates saß sie wie eine Statue auf dem Thron, mit leerem Blick, ohne Ausdruck im Gesicht. Erst als die »Eljen«-Rufe immer lauter wurden, als frenetischer Beifall, der allein ihr galt, nicht enden wollte, überzog eine feine Röte ihr Antlitz, und es war, als kehrte das Leben für einen Augenblick in sie zurück.

Von ständigen Schmerzen gequält, nach wie vor eine Sklavin ihrer Waage, alterte die Kaiserin überraschend schnell. Sie war die Letzte, die mit dieser Tatsache fertig werden konnte, daher versuchte sie von einem Ort zum anderen zu eilen, gleichsam um sich selbst zu entfliehen. Einzig und allein an der Riviera hielt sie es länger aus, dorthin kam auch ab und zu Franz Joseph, um einige Tage mit der Gemahlin zu verbringen. Dann konnte sie sich auch aufraffen, mit ihm das Spielcasino von Monte Carlo zu besuchen, wo das Kaiserpaar sogar für einige Zeit unerkannt blieb. Beide hatten ihren Spaß am Roulette gehabt, da Elisabeth Zahlen setzte, die mit der »Freundin« Katharina Schratt in Verbindung standen. Denn die »gnädige Frau« war eine leidenschaftliche Spielerin, die Unsummen auf den Roulettetischen hatte liegen lassen und die der kaiserliche Gönner durch seine Großzügigkeit vor ernsthaften finanziellen Kalamitäten bewahrte.

Seltsamerweise bereiste die Kaiserin im Allgemeinen immer wieder die gleichen Länder, wenn sie auch da und dort bestimmte Gegenden bevorzugte. War sie gezwungen, Bad Kissingen, Bad Nauheim oder ein anderes deutsches Bad aufzusuchen, wo sie Besserung für ihre Leiden erhoffte, so machte sie meist einen Abstecher nach Heidelberg, die Hochburg für lustiges Studentenleben. Als sie eines Tages zu Besuch in Frankfurt weilte, ließ sie ein strapazfähiges Pferd satteln und ritt in einem Tag von Frankfurt nach Heidelberg. Das sind immerhin fast 100 Kilometer!

An Heidelberg hatte sie die schönsten Erinnerungen, denn hier hatte sie nicht nur wie ein Korpsstudent fechten gelernt, hier hatte sie sich frank und frei gefühlt inmitten der jungen Studenten, die ihr zu Füßen lagen und deren Bewunderung sie über alle Maßen genoss. In Heidelberg wehte für sie ein Hauch von Freiheit!

Auch Gibraltar hatte es Elisabeth angetan, zwar auf andere Weise als die romantische Stadt am Neckar. Sie empfand die Sauberkeit der englischen Kolonie wohltuend, alles wirkte ordentlich und adrett. Allerdings war auch Gibraltar nicht dazu angetan, Sisi zu längerem Aufenthalt zu bringen. Kein Ort der Welt konnte sie halten, am ehesten fühlte sie sich noch auf einem ihrer Schiffe wohl, wenn auch die »Greif«, mit der sie gefahrvolle Reisen übers Mittelmeer unternahm, ihr keineswegs die von Franz Joseph erhoffte Sicherheit bot. Als Elisabeth eines Tages gegenüber ihrem Gefolge, das an einige Aufregungen gewöhnt war, die Absicht äußerste, drei Monate

während des Winters auf See zu verbringen, befiel Gräfin Festetic nahezu Entsetzen. Sie schrieb an Ida Ferenczy:

Ich verstehe, daß man die Wärme sucht, aber es gehört ein besonderer Geschmack dazu, im Winter drei Monate am Schiff zu verbringen. Wohin wir fahren, weiß eigentlich nicht einmal Ihre Majestät.

Es war für Elisabeth seit Jahren zur Selbstverständlichkeit geworden, den Heiligen Abend und die Weihnachtsfeiertage irgendwo fernab der Familie in der Fremde zu verbringen. Es war ihr völlig einerlei, ob ihr Ehemann sie gerade an solchen Festtagen vermisste oder nicht, sie hatte nicht die geringste Ambition, sich im Kreis der Familie aufzuhalten, und nicht einmal ihrer Lieblingstochter war es gelungen, die Mutter zu überreden, ein paar ruhige Tage in ihrer Nähe zu verbringen. Sisi gab sich ganz ihrem Leiden hin, das letzte Weihnachtsfest, an dem Rudolf noch lebte und ihr Briefe ihres Lieblingsdichters Heine überreicht hatte, sollte in ihrer Erinnerung nicht verblassen.

Man kann sich vorstellen, wie unwirsch sich die Wiener Bevölkerung, aber selbst die Ungarn, für die die Kaiserin fast eine Heilige war, über die ständige Abwesenheit der Monarchin zeigte. Denn auch Gödöllö hatte seinen Reiz für Sisi verloren, nachdem ihr letztes Pferd verkauft worden war. Zudem hatte man ihren einstigen Anbeter und späteren treuen Freund Andrássy zu Grabe getragen, was Elisabeth bis ins Innerste berührte. Was sollte sie jetzt noch in Budapest?

Es ist äußerst aufschlussreich, die Ziele ihrer Reisen in einem einzigen Jahr zu verfolgen: So hielt sich Sisi im Jänner 1895 noch in Algier auf, reiste von dort nach Cap Martin, wo Franz Joseph sie für einige Tage besuchte. Nachdem der Kaiser durch ein Telegramm nach Wien zurückgerufen worden war, da sein Onkel Erzherzog Albrecht überraschenderweise gestorben war, beschloss Elisabeth, nach Korsika zu fahren und von dort weiter nach Korfu. Und dies zu einer Jahreszeit, in der selbst das Mittelmeer nicht von Stürmen verschont ist. Die Reise zu ihrer Lieblingsinsel hatte einen ganz besonderen Grund: Sie hatte nämlich ein Denkmal für ihren verstorbenen Sohn Rudolf in Auftrag gegeben und sie wollte selbst bei der Enthüllung der Statue anwesend sein. Kaum war dies geschehen, ging sie in Venedig vor Anker, wo sie diesmal ausnahmsweise einer diplomatischen Verpflichtung nachkam, die ihr vom Kaiser ans Herz gelegt worden war. Sie ließ sich herbei, das italienische Königspaar aufzusuchen und mit diesem »Small talk« zu machen, nicht ohne dabei die Bemerkung fallen zu lassen, dass gerade Venedig lange Zeit hindurch zur Monarchie gehört hatte.

Vielleicht hatte Elisabeth noch einen anderen Gedanken, der sie dazu brachte, die neuen Herrscher Italiens aufzusuchen: Tief in ihrem Inneren war Sisi eine Feindin des monarchischen Systems, so wie ihr Sohn Rudolf, der sich seine Zukunft auch eher als Präsident denn als Kaiser hätte vorstellen können. Elisabeth schöpfte zwar alle Vorteile ihrer Stellung als Kaiserin bis zur Neige aus, sah aber trotzdem mit scheelen Blicken auf die für ihre Be-

griffe nutzlosen und beschäftigungsloser Erzherzöge. In ihren Gedichten kommt die Verachtung, die sie der Adelsgesellschaft entgegenbringt, deutlich zum Ausdruck. So brachte sie eine »wahre Geschichte« in Verse, über die sie bis ins Innerste empört war: Ein Neffe des Kaisers, Erzherzog Otto, bekannt als der schönste Erzherzog der Monarchie, war ein junger Offizier ohne jegliches Feingefühl und ohne moralischen Anstand. Viele seiner Aktionen, die in Wien einiges Aufsehen erregten, zogen den Zorn des eher langmütigen Kaisers auf sich. Aber was ihm vom Sohn seines Bruders berichtet wurde, ging weit über alle Grenzen hinaus. So erfuhr Franz Joseph, dass der junge Erzherzog in Klagenfurt, als er dort in der Garnison seinen Dienst mehr schlecht als recht versah, anlässlich eines Saufgelages Bilder des Kaiserpaares aus dem Fenster geworfen hatte. Damit nicht genug: Eines Tages taumelte der angetrunkene Otto mit einem Glas Champagner in der Hand im berühmten Wiener Hotel Sacher aus einem Chambre séparée – nur ein Säbel baumelte an einem Riemen, sonst war er völlig nackt. Bei seiner nächsten Eskapade riss schließlich dem Kaiser die Geduld. Franz Joseph hatte erfahren, dass sein Neffe, der mit einer frommen sächsischen Prinzessin verheiratet war, seine Saufkumpanen aufforderte, mit ihm zu kommen, er wollte ihnen eine Nonne in seinem Schlafgemach zeigen. Nur durch das Einschreiten des Grafen Dürckheim, eines Adjutanten, konnte dieser Plan verhindert werden. Der Kaiser ließ seinen Neffen kommen und – Ohrenzeugen folgend – ohrfeigte ihn links und rechts!

Selbst Valerie berichtete über diese unglaubliche Affäre in ihrem Tagebuch, denn ihre Mutter kam von diesem sie über alles bewegenden Thema beinah nicht los. Valerie schrieb:»Den ganzen Tag mit Mama, sprachen … von Otto, dem man die schrecklichsten Sachen nachsagt, vom schlechten Zustand der kaiserlichen Familie und Österreichs im Allgemeinen und Mama prophezeite viel Unheil.«[55]

Diese Begebenheit war natürlich Wasser auf die Mühlen der Kaiserin, das Kaiserhaus krachte für sie in allen Fugen und sie konnte nur hoffen, dass sich eine gewaltige Veränderung nicht allzu stark auf ihre »Einzige« auswirken würde. Schon mit einem Kaiser Rudolf hätte die Welt anders ausgesehen, jetzt hatte sich aber eine völlig andere Situation am Horizont gezeigt: Nachdem auch der Bruder Franz Josephs, Karl Ludwig, tot war, rangierte dessen älterer Sohn Franz Ferdinand in der Thronfolge an erster Stelle. Und was mit diesem undurchsichtigen Menschen auf Österreich zukommen würde, stand in den Sternen.

Nachdem Elisabeth in Venedig mehr als ihre Pflicht als Kaiserin erfüllt hatte, geruhte sie, für einen Monat in der Hermesvilla Quartier zu beziehen. Dort aber gedachte sie in völliger Abgeschiedenheit zu leben, bevor sie in den ungarischen Kurort Bartfeld abreiste, wohin sie ihr griechischer Vorleser und Gräfin Mikes begleiteten. Im August aber musste sie in Ischl sein, da sich das rumänische Königspaar angesagt hatte. Und da sie sich mit Carmen Sylva außerordentlich gut verstand – beide fühlten sich als verwandte Seelen – war dieser Aufenthalt für die Kai-

serin keine Qual. Um sich aber von all den Strapazen zu erholen, ging sie im September nach Aix-les-Bains und unterzog sich dort einer Kur, die ihr die Ärzte verordnet hatten. Von hier nach Territet und nach Genf war der Weg nicht weit. Gödöllö, ein kurzer Aufenthalt in Wien und zu Ende des Jahres wieder eine Reise nach Cap Martin beendeten das Jahr 1895.

Und diesen Reiserhythmus setzte die Kaiserin Jahr für Jahr fort, obwohl sich immer mehr gesundheitliche Probleme einstellten. Als der Kaiser seine Gemahlin 1898 in Bad Kissingen besuchte, war er entsetzt über das Aussehen seiner einstmals so schönen Gemahlin. Aus der bezaubernden Sisi war eine vor der Zeit alte Frau geworden, die ihr Gesicht schon seit vielen Jahren entweder hinter einem Lederfächer oder einem Sonnenschirm versteckte. Bedingt durch die jahrelangen Hungerkuren kam es zu Wasseransammlungen am ganzen Körper, die das Gewicht Elisabeths hinaufschnellen ließen. Sie meinte nun, dem damit beikommen zu können, dass sie ihre kärgliche Nahrung auf ein Minimum festsetzte, wodurch sie den Teufel mit dem Belzebub austrieb.

Die ständigen Schmerzen, die ihr der Ischias bereitete, und ihr miserabler psychischer Zustand verhinderten, dass die Kaiserin weiterhin ihre anstrengenden Seereisen fortsetzen konnte. Für sie völlig ungewohnt, unternahm sie nur noch kleinere Fahrten innerhalb Deutschlands, um sich im August in die Schweiz zu begeben, wo sie sich in Territet, aber auch in Genf immer sehr wohl gefühlt hatte. Sie ging unaufhaltsam ihrem Schicksal entgegen.

Auch der Kaiser, der nach wie vor um seine Gemahlin voll tiefster Sorge war, konnte nicht ahnen, dass die Tage Elisabeths gezählt sein würden. Wie immer schrieb Franz Joseph auch am 10. September in den frühen Morgenstunden einen Brief an seine ferne Gemahlin:

Schönbrunn den 10. Septbr. 1898

Edes szeretett lelkem,

Da ich Heute in Schönbrunn bleibe und daher mehr freie Zeit habe, so will ich doch noch einige Zeilen an Dich richten, um Dir beiliegenden Brief Valeries, den ich Gestern erhielt, zu senden und Dir für Deinen, an sie gerichteten Brief vom 4., der ja auch für mich bestimmt war, innigst zu danken. Gleichzeitig schickte mir Valerie ein kurzes Schreiben der Gräfin Sztáray, auch vom 4., welches, obwohl eigentlich ein Namenstag Gratulations Brief, doch auch günstiges über Dein Befinden enthält. Sehr erfreut hat mich die bessere Stimmung, die Deinen Brief durchweht und Deine Zufriedenheit mit dem Wetter, der Luft und Deiner Wohnung sammt Terrasse, welche einen wunderbaren Ausblick auf Berge und See gewähren muß. Daß Du dennoch eine Art Heimweh nach unserer lieben Villa Hermes gefühlt hast, hat mich gerührt. Gestern Nachmittag war ich wieder dort und ging in der Villa spazieren. Der Abend war herbstlich, aber sehr schön, der ganze gestrige Tag wolkenlos.

Isten veled szeretett angyalom. Dich von ganzem Herzen umarmend

Dein Kl[56]

Die Kaiserin sollte diesen Brief ihres Mannes nie erhalten, denn als er in Genf eintraf, war sie längst tot. Es war eine seltsame Fügung des Schicksals, dass sich Sisi ausgerechnet in den Tagen ausgesprochen wohl fühlte, als ihr Mörder Luigi Lucheni die Feile schon präpariert hatte, die er ihr mitten ins Herz stechen wollte. Noch in den Tagen vor ihrem Tod hatte sie eine Einladung der Baronin Rothschild angenommen, hatte sich bei dem üppigen Dinner von ihrer liebenswürdigsten Seite gezeigt, die köstlichen Speisen, die serviert wurden, mit großem Appetit genossen und beim Abschied versprochen, wieder zu kommen. So gar nichts erinnerte an ihre Schmerzen, an die Depressionen, an denen sie jahrelang gelitten hatte – wie in früheren Tagen unternahm sie leichten Schrittes zusammen mit ihrer Hofdame Irma Sztáray einen Spaziergang durch die Stadt, kehrte in Geschäften ein, um für ihre Tochter Valerie die eine oder andere Kuriosität zu erstehen. Irma Sztáray war beglückt, die Kaiserin so froh gelaunt wie schon lange nicht zu erleben, und sie hoffte nur, dass diese positive Stimmung, in der sich Elisabeth befand, möglichst lange anhalten möge. Seltsam allerdings hatte die Hofdame berührt, dass Sisi plötzlich Sehnsucht nach der Hermesvilla in Wien empfand, hatte sie doch in den letzten Jahren dieses Domizil nur aufgesucht, wenn es gar nicht anders ging und sie lästigen Verpflichtungen nicht entgehen konnte.

In der Nachschau könnte man Elisabeths Veränderungen in diesen Septembertagen als letztes Aufflackern ihres Lebensfeuers betrachten. Als hätte sie gewusst, dass

ihre Stunden gezählt waren, seit durch eine Indiskretion der Presse ihre Anwesenheit in Genf bekannt war. So zeigte sie sich von einer Seite ihres Wesens, durch die sie alle, die sie kannten, in ihren Bann geschlagen hatte. Die Dame in Schwarz, die das Hotel Beau Rivage am 10. September schwebenden Schrittes verließ, um das Schiff zu besteigen, das sie über den See bringen sollte, war nicht die Mater Dolorosa, als die die Kaiserin jahrelang durch die Welt geirrt war, es war wieder wie einst die charmante Sisi, die sich wie ein Kind auf ein paar schöne Stunden oder – hatte sie eine Vorahnung? – auf das Ende ihrer irdischen Leiden freute. Als Luigi Lucheni aus dem Schatten des Baumes heraustrat, um die Kaiserin von Österreich zu ermorden, erfüllte er indirekt zwei Wünsche Elisabeths: Schon so oft hatte sie in vielen trüben Stunden den Tod herbei gesehnt, aber niemals den Mut gefunden, Hand an sich zu legen. Der Tod war für sie kein Schrecken, nur eines wollte sie niemals: wie ein gewöhnlicher Mensch umgeben von ihrer Familie in einem Bett sterben. Luigi Lucheni hatte ihre Vorstellungen restlos erfüllt, er hatte in den Augen der Welt zwar sinnlos eine alte Frau ermordet, die kaum eine Bedeutung in ihrer Zeit hatte. Elisabeth hatte er aber von ihren irdischen Leiden erlöst und für alle Zeiten unsterblich gemacht.

Bestsellerautorin in der Nachwelt

»Es ist ein eigentümliches Leben, das meiner Mutter; ihre Gedanken beschäftigen die Vergangenheit, ihr Streben ist die ferne Zukunft. Die Gegenwart ist ihr ein wesenloses Schattenbild, ihr größter Stolz, dass niemand ahnt, dass sie eine Dichterin ist.«[57]

Es war nicht verwunderlich, dass Elisabeth vor aller Welt verbarg, dass sie Gedichte schrieb, denn in ihnen offenbarte sie nicht nur ihre Gedanken, sie gab auch ihre Seele preis. Nur ein kleiner Kreis von Eingeweihten wusste davon, dass die Kaiserin in nur wenigen Jahren ein Tagebuch in Versform verfasste, das aber unter keinen Umständen zu ihren Lebzeiten veröffentlicht werden sollte. Da Sisi, je älter sie wurde, immer mehr von Depressionen und Todesängsten heimgesucht wurde, stellte die Beschäftigung ihrer Mutter mit der Dichtkunst für die stets besorgte Tochter Valerie eine gewisse Beruhigung dar. Sie sah in ihr eine Art Ventil, durch das sich Elisabeth abreagieren konnte. Denn ihrem eigenen Ehemann, aber auch Valerie war es unmöglich, manche ihrer Ansichten zu verstehen. Vielleicht wäre es Rudolf gewesen, der ein geeigneter Gesprächspartner für die Kaiserin gewesen wäre, viele seiner Anschauungen deckten sich mit denen seiner Mutter, aber zwischen beiden bestand eine Barriere des Schweigens, die vor allem von Sisi aufgerichtet worden war. Sie zu durchbrechen wagte der Sohn ganz

einfach nicht, weil er fürchten musste, dass die Mutter ihm wie so oft eine ungnädige Abfuhr erteilen würde.

Es war wohl eine Folge ihrer selbstgewählten Einsamkeit, dass sich die Kaiserin mit der Dichtkunst auseinanderzusetzen begann. Traf jemand sie aus ihrem engsten Kreis mit einem Buch in der Hand an, so bedeutete dies: bitte nicht stören. Sie wollte allein sein mit ihren romantischen Gedanken an ihre Helden, sie lebte plötzlich in einer anderen Welt, die sie sich aufgebaut hatte.

Vielleicht war es schon Herzog Max gewesen, der den Grundstein für die spätere Liebe seiner Tochter gelegt hatte, denn auch er war als Poet bekannt, obwohl er seine Werke unter einem Pseudonym schrieb. Elisabeth gab zwar ihren Namen preis, aber nicht die Erlaubnis zur Veröffentlichung ihrer Gedichte zu Lebzeiten. Fein säuberlich von ihrer Nichte Marie Larisch abgeschrieben, wurden sie anschließend in einer eigenen Druckerei in eine gute äußere Form gebracht, wobei die Drucker unter Eid versichern mussten, niemandem ein Sterbenswörtchen von den Werken der Kaiserin zu erzählen. Dann wurden die Gedichte in zwei ineinander passende eiserne Kassetten verschlossen, denen folgender Auftrag beigefügt war: »Diese Cassette ist erst in 60 Jahren vom Jahr 1890 an zu eröffnen. Die innere Cassette dann uneröffnet an die darauf angegebene Adresse zu befördern.«[58]

Eigenhändig fügte die Kaiserin folgende Adresse an: »Dem Herrn Presidenten der Schweitzer Eidgenossenschaft Bern.« Daneben verfügte Elisabeth, dass der Ertrag aus der Veröffentlichung ihrer Werke ausschließlich den

Kindern der in der Monarchie aus politischen Gründen verurteilten Menschen zugute kommen sollte. In ihrer spiritistischen Art fügte sie noch ein Schreiben hinzu, das sie mit »Liebe Zukunfts-Seele« betitelte und in dem sie demjenigen, der ihre Gedichte der Öffentlichkeit zugänglich machen würde, einen Gruß schickte, den sie mit »Titania« unterschrieb.

Sisi hatte schon als junges Mädchen begonnen, Gedichte zu verfassen, deren Themen freilich nur – wie konnte es auch anders sein – Hoffnungen und Weltschmerz über die erste verlorene Liebe ausdrückten. Sie setzte ihre poetische Tätigkeit unmittelbar nach der Hochzeit kurz fort und betrauerte die Illusionen, die ihr am Wiener Kaiserhof genommen wurden. Nichts war mehr von dem unkomplizierten fröhlichen Wesen übrig geblieben, das den Kaiser an der kindlichen Sisi in Ischl so entzückt hatte. Trauer und Entsagung waren eigentlich nicht das, was man von einer jungen Kaiserin erwartete. Sicherlich entsprach es auch dem Zeitgeist, der sich in den Publikationen der »Gartenlaube« manifestierte, die Gefühle junger Mädchen in dramatischer Weise zu Papier zu bringen. Und da sich Elisabeth mit ihren 16 Jahren als junge Ehefrau kaum mit ernsthaften Dingen beschäftigte, lag es nahe, dass sie ihre Träumereien, aber vor allem ihre Enttäuschungen niederschrieb, die sie auf Schritt und Tritt zu erleben glaubte. Noch hatte sie die Literatur nicht für sich entdeckt, denn sie war als relativ ungebildetes Mädchen an den Wiener Hof gekommen. Erst als sie begonnen hatte, ihre Sprachkenntnisse zu erweitern, wurde sie von Ida von Ferenczy,

ihrer ungarischen Vorleserin und lebenslangen Freundin auf verschiedene zeitgenössische ungarische Schriftsteller aufmerksam gemacht. Und da Frau von Ferenczy in engem Kontakt zu Gyula Andrássy stand und wusste, wie wichtig es war, die junge Kaiserin für die ungarischen politischen Angelegenheiten zu interessieren, wurden größtenteils Werke ausgewählt, die das Herz der Kaiserin berührten und eine ungewöhnliche Sympathie Sisis für das ungarische Volk entfachten. Begeistert las die Kaiserin die Werke von Maurus Jokai in der Originalsprache, die sie überraschend schnell erlernt hatte. Während der stundenlangen Frisierprozeduren, die tagtäglich stattfanden, hatte sie freilich Zeit dazu in Hülle und Fülle. Je mehr Elisabeth über Ungarn las, desto mehr steigerte sie sich in eine gewisse Liebe zu diesem Land hinein – sehr zum Missfallen ihrer Schwiegermutter, die alles, was Ungarisch war, abgrundtief hasste. Vielleicht beflügelte Sisi der Gedanke, dass sie Erzherzogin Sophie durch ihre Schwärmerei für Ungarn besonders zu reizen vermochte, und sie vermied es nicht, in Anwesenheit der Schwiegermutter mit Ida von Ferenczy Ungarisch zu sprechen, sodass die Erzherzogin niemals wissen konnte, worüber sich die Damen unterhielten. Für die auf Stil und Etikette so bedachte Mutter des Kaisers eine unerhörte Ungezogenheit der Schwiegertochter!

Franz Joseph stand der ungarischen Sprache anfangs genauso skeptisch gegenüber wie seine Mutter, hatte auch er die Ereignisse im Jahr 1848 nicht vergessen, weshalb er im Grunde seines Herzens den Magyaren misstraute.

So lang, bis ihn seine Engels-Sisi eines Besseren belehrte. Zwar hatte der Kaiser schon als Kind Unterricht in der ungarischen Sprache erhalten, wurde aber erst durch seine hungarophile Gemahlin dazu gebracht, seine Sprachkenntnisse zu erweitern. Und da Franz Joseph zeit seines Lebens ein rücksichtsvoller Ehemann war, kam er dem Wunsch seiner Frau nach, sich mit ihr in den späteren Jahren meist auf ungarisch zu unterhalten. Auch in seinen vielen Briefen aus der Zeit, als Sisi bereits ruhelos durch die Welt zog, bezeichnete er seine ferne Gemahlin als »edes szeretett lelkem« – meine süße geliebte Seele oder »szeretett angyalom« – geliebter Engel. Auch wenn Elisabeth zufällig in Wien weilte, fand am Kaiserhof die Konversation auf ungarisch statt, sehr zum Leidwesen der Tochter Valerie, die für Ungarn, alles Ungarische und auch für die ungarische Sprache wenig übrig hatte. Ein Grund für diese Ablehnung waren vielleicht die Gerüchte, die ihr zu Ohren gekommen waren. Es ging nämlich die Mär, dass auf Grund der engen Vertrautheit zwischen Elisabeth und Andrássy nicht der Kaiser der Vater des Mädchens sein sollte, sondern der »schöne Gehenkte«, der feurige Ungar. Die Antipathie war gegenseitig, denn auch Andrássy sah in Valerie nicht die Tochter der geliebten Erszebet, sondern ein unausgegorenes, patziges junges Mädchen.

Nachdem die Kaiserin durch die Lektüre der ungarischen Literatur auf den Geschmack gekommen war, stöberte sie andere Dichter und Schriftsteller auf, von denen sie glaubte, dass sie auch deren Werke in der Original-

Liebe Hubmifta
Seeb!

Die übergebe
ich diese Schrif-
ten. Der Meister
hat sie mir
dictirt, und
auch er hat
ihren Zweck

sprache lesen konnte. Und da sie schon als Kind Englisch gelernt hatte, vertiefte sie sich in die Erzählungen und lyrischen Gedichte von Lord Byron, Henry W. Longfellow und vor allem in die Dramen von William Shakespeare. Sisi las nicht nur die Texte, sie übersetzte sie auch ins Deutsche und später sogar ins Neugriechische, etwas sehr Ungewöhnliches für eine Frau des 19. Jahrhunderts.

Ganz wie es ihrer Art entsprach, identifizierte sie sich schon sehr bald mit den Helden, über die sie las, sie empfand sich als Titania, die als Feenkönigin durch die Welt geistert, und Franz Joseph als Oberon. In ihren späteren Dichtungen schreckte sie allerdings nicht davor zurück, den Kaiser der Donau-Monarchie als Esel auftreten zu lassen.

Alle literarischen Figuren übertraf aber die legendäre Gestalt des griechischen Helden Achilles, der nicht nur in vielen ihrer träumerischen Gedichte als ihr Geliebter Gestalt angenommen hatte, sondern dem sie auch einen Weiheort auf Korfu erbaute, wo sie in Gedanken mit ihm vereint sein konnte. Es hatte sich für sie beinahe zwangsläufig ergeben, dass sie Alt- und Neugriechisch lernte, um den antiken Helden nahe sein zu können, denn sie fand, dass keine Übersetzung der Ilias an Schönheit an das Original Homers herankam, sodass sie die Texte, die ihr die jeweiligen Griechisch-Lehrer präsentierten, nur in der Urfassung las oder sich auf ihren weiten Wanderungen vortragen ließ.

Wie immer man über die eigenen Werke der Kaiserin, die sie zu schreiben begann, als sie den deutschen Dichter

Heinrich Heine entdeckt hatte, urteilen mag, erstaunlich ist auf alle Fälle, wie sprachgewandt Elisabeth gewesen sein muss. Denn weder Ungarisch noch Neugriechisch sind Sprachen, die jedermann leicht ins Ohr gehen und daher ohne Schwierigkeiten zu erlernen sind.

Mit einigem Interesse las sie auch die dichterischen Werke ihrer königlichen »Schwester« Carmen Sylva, denn Königin Elisabeth von Rumänien, wie die Dichterin offiziell hieß, schickte ihre neuesten Schöpfungen schon bald an die Kaiserin, einerseits um sie zu erfreuen, andererseits um ihr Urteil zu hören.

Die beiden Damen verband eine gewisse Seelenverwandtschaft, denn Carmen Sylva, eine deutsche Prinzessin, hatte in keiner Weise mit ihrem Gemahl, dem rumänischen König, einen Ansprechpartner für ihre Dichtungen. So wie der nüchterne Franz Joseph die Gedanken seiner Gemahlin als »Wolkenkraxlereien« bezeichnete, so hatte auch Carmen Sylva auf keinerlei Anerkennung für ihre Werke in Rumänien zu hoffen. Erst durch die Bekanntschaft mit der Kaiserin und im Austausch der Gedanken fand Carmen Sylva das Echo, das sie dringend benötigte. Obwohl sich die beiden hohen Frauen bestens verstanden, hielt die rumänische Königin doch nicht mit ihrer Kritik an Heinrich Heine zurück, für den die Kaiserin seit dem Tod König Ludwigs von Bayern eine beinahe hysterische Verehrung zeigte. Carmen Sylva meinte: »Ich bin etwas abgekommen von meiner Bewunderung für ihn, weil manches in seinen Dichtungen mich unsympathisch berührt.«[59]

Sisi nahm der Freundin diese Bemerkung nicht übel, konnte man über Geschmack doch auch damals nicht streiten. Sie selbst steigerte sich in einen Verehrungstaumel für Heine, vielleicht, weil dieser Dichter mit seiner ironischen, manchmal sogar zynischen Art in manchen deutschen Kreisen keinen Anklang gefunden hatte. Außerdem gewannen die Deutschnationalen immer mehr an Einfluss im Kulturleben, sodass Heinrich Heine als Jude von vornherein abgelehnt wurde. Wahrscheinlich engagierte sich die Kaiserin zunächst aus diesen Gründen für den Dichter, den sie schon bald als ihren »Meister« bezeichnete, später aber weil sie sich geradezu mit ihm identifizierte. Nachdem sie die Werke Heines in ganz kurzer Zeit »verschlungen« hatte, begann sie in seinem Stil ihre ersten Gedichte zu verfassen und hatte schon bald das Gefühl, dass der Meister ihre Hand führte. Und in ihrer zunehmend spiritistischen Einstellung glaubte sie manchemal, sogar den Atem Heines zu spüren, denn in ihren Vorstellungen war er ihr unendlich nah.

Ein Aufenthalt in Ungarn und ein anschließender Besuch in Sinaia bei Carmen Sylva verstärkte Sisis esoterische Gefühle. Sie lebte ganz mit der Natur, durchstreifte die dichten Wälder nur von Sárolta Majlath begleitet, wo sie sich mitten in der Einsamkeit einen Becher Schafmilch von einem schönen Jüngling kredenzen ließ. Das war die Welt, die sie immer gesucht hatte. Hier konnte sie ihren Gedanken nachhängen. Dass sie dann seltsame Träume in der Nacht begleiteten, war bei dieser Art zu leben keine Überraschung. Die Kaiserin berichtete ihrer Tochter Vale-

rie, die dies in ihrem Tagebuch vermerkte, dass sie in der Nacht deutlich das Profil Heinrich Heines über ihrem Bett gesehen hätte. Sie hätte das untrügliche Gefühl gehabt, dass der Dichter versuchte, ihre Seele aus ihrem Körper zu locken, um sie mit der seinen zu vereinen:

Aber Jehova gestattete der Seele nicht, den Körper zu verlassen. Die Erscheinung verschwand und ließ mich trotz der Enttäuschung des Weiterlebens eine beglückende Befestigung im zuweilen schwankenden Glauben, eine größere Liebe zu Jehova und die Überzeugung zurück, daß der Umgang mit Heines Seele und der meinen von ihm gestattet sei.[60]

Manche ihrer Gedichte, die in vielerlei Hinsicht Einblick in ihre wechselnden Seelenstimmungen geben, sind ganz im Stil des »Meisters« geschrieben, manche enthalten versteckte Hinweise auf ihre Verehrung, eines aber ist charakteristisch für Elisabeths Verhältnis zu ihrem Vorbild:

An den Meister

Es sehnt mein Herz sich nach der Heimat;
Denn seine Heimat, die bist Du;
Und denkt's an Dich und Deine Liebe,
In jedem Sturme findet's Ruh.

Die Erdenstürme hast vertauschet
Du mit den Himmelssphären längst,

Ich weiss, ich fühle, dass dort oben
In reiner Lieb' Du meiner denkst.

Oft ahnt mir Deiner Seele Nähe
In meines Leibes Kerkernacht.
Ein lichter Stern in Finsternissen
Scheint sie, die treulich mich bewacht.

O Stern! Mein lichter Stern dort oben.
Verseng mit Deinem Strahlenglanz
Den müden Leib, dass meine Seele
Empor zu Dir sich schwinge ganz![61]

Die einzige wirklich Vertraute Elisabeths war ihre Tochter
Marie Valerie, die schon als ganz junges Mädchen instink-
tiv fühlte, dass das Verhältnis zwischen ihrem gutmütigen
Vater und der übertrieben liebevollen Mutter zu ihrem
großen Leidwesen nicht so war, wie es eigentlich hätte
sein sollen. Dabei meinte sie zu erkennen, dass nicht der
Vater die Schuld an dem oft seltsamen Verhalten ihrer
Mutter trug. Valerie musste ein wahrhaft einfühlsames
Mädchen gewesen sein, denn in ihrer melancholischen
Art mutete die Mutter ihrer Tochter mehr zu als ein junger
Mensch eigentlich verkraften konnte. Nicht nur, dass Valerie die schwankenden Stimmungen Elisabeths über sich
ergehen lassen musste, die ihr Angst und Schrecken ein-
jagten, daneben war sie stets von der Furcht beseelt, dass
die Mutter eines Tages ihrem Leben selbst ein Ende bereiten würde. Außerdem empfand sie die übergroße Liebe

Marie Louise von Wallersee, verehelichte Gräfin Larisch,
mit Elisabeths jüngster Tochter Marie Valerie

und Fürsorge, mit der sie Sisi umgab, in jeder Hinsicht
als schwere Hypothek. Marie Valerie ertrug all die Launen und Gefühlsausbrüche der Mutter, ohne psychischen
Schaden zu nehmen. Aber sie hatte wahrscheinlich eher
die robuste seelische Verfassung ihres Vaters geerbt, als

die mimosenhafte Empfindlichkeit ihrer Mutter. Zwar lief sie ab und zu, wenn ihr die Fantasien Elisabeths zu viel wurden, weinend aus dem Raum, dann fürchtete sie, dass ihre Mutter wahnsinnig werden würde. Denn es schien, als wäre die Disposition für geistige Erkrankungen bei den Wittelsbachern vererbbar. Denn immerhin hatte man den »Cousin« König Ludwig II. von Bayern auf Grund seiner geistigen Abnormitäten abgesetzt, und wenig später war der körperlich mächtige Mann im knietiefen Wasser des Starnberger Sees ertrunken aufgefunden worden. Eine Tatsache, die nicht nur in der damaligen Zeit Rätsel aufgab. Zudem dämmerte sein Bruder Otto schon jahrelang im Wahnsinn vor sich hin, unfähig, auch nur seine nächsten Begleiter zu erkennen. Dass aber weder die Mutter Sisis noch Herzog Max in Bayern mit diesen beiden Wittelsbachern blutsverwandt waren, darüber war man sich nicht im Klaren. Denn die Geisteskrankheiten in der bayerischen Königsfamilie kamen nicht von der Wittelsbacher Seite her, sondern aus der Familie der Mutter Ludwigs und Ottos. Elisabeth und auch ihr Sohn Rudolf hätten in dieser Hinsicht beruhigt schlafen können, hätten sie die echten Verwandtschaftsbeziehungen durchleuchten lassen. Freilich waren auf Grund der Inzucht durch Heirat innerhalb der Familien ernste geistige Störungen keineswegs auszuschließen.

Es war ihr schöner »Vetter«, der exaltierte König Ludwig von Bayern, mit dem Sisi eine ganz ungewöhnliche Freundschaft verband. Elisabeth war die einzige Frau im Leben des seltsamen Bayernkönigs, für die er stärkere Ge-

fühle entwickeln konnte, da ihn seine homophilen Neigungen daran hinderten, eine feste Verbindung mit einer Frau einzugehen. Ludwig hatte es versucht, da er eingesehen hatte, dass sein Volk darauf wartete, dass sich der schöne König nach einer Königin umsah. Seine von ihm angebetete Sisi kam nicht mehr in Frage, daher hielt er bei Herzog Max um die Hand einer anderen Tochter an. Aber obwohl Sophie Charlotte beinah so attraktiv wie ihre kaiserliche Schwester war, konnte Ludwig außer einer gewissen Zuneigung für sie nichts empfinden. Der König zog gerade noch rechtzeitig die Konsequenzen und löste die Verlobung. Und wieder kehrte eine sitzengelassene Braut ins heimatliche Possenhofen zurück.

Die eigentliche Liebe Ludwigs II. von Bayern gehörte der Musik Richard Wagners und seinen Schlössern, die er im Geist der Heldengestalten des Mittelalters erbauen ließ, die ihm durch seinen Freund Wagner zum Leben erweckt wurden. Und seine von ihm angebetete Sisi gab sich ganz ihrer eigenen Schönheit hin, die sie bis zur Perfektion kultivierte, aber auch der Dichtkunst. Beide, den König und die Kaiserin, verband die Liebe zum Ungewöhnlichen, sie waren verwandte Seelen, die fühlten, dass nur sie einander verstehen konnten. Alle anderen waren aus diesem mystischen Kreis ausgeschlossen.

Elisabeth und Ludwig trafen einander höchst selten. König Ludwig, der sehr viel jünger war als die schöne »Cousine«, besuchte Sisi zwar, wenn sie in Bayern weilte, kündigte sein Eintreffen aber ganz selten an. Es konnte vorkommen, dass die königliche Kutsche mitten in der

Nacht in Possenhofen vorfuhr, Lakaien den Wagenschlag aufrissen und der König, in einen Mantel gehüllt, im Haus verschwand. Er wünschte niemanden anderen zu sehen als Sisi, aber nicht um mit ihr Konversation zu machen, sondern nur um sie staunend und stumm zu betrachten. Und da Elisabeth auch nicht geneigt war, um Mitternacht lange Gespräche mit dem Cousin zu führen, entfernte sich der Besucher nach einer Stunde mit einem kurzen Abschiedskuss auf die Stirn und ward längere Zeit nicht mehr gesehen. Sisi revanchierte sich einige Zeit später mit dem einen oder anderen romantischen Gedicht, in dem sie, die »Möwe« von der Nordsee, den »Adler« im fernen Gebirge grüßte:

Du Adler, dort hoch auf den Bergen,
Dir schickt die Möwe der See
Einen Gruss von schäumenden Wogen
Hinauf zum ewigen Schnee.

Einst sind wir einander begegnet
Vor urgrauer Ewigkeit
Am Spiegel des lieblichen Sees,
Zur blühenden Rosenzeit.

Stumm zogen wir nebeneinander
Versunken in tiefe Ruh …
Ein Schwarzer nur sang seine Lieder
Im kleinen Kahne dazu.

244

Manchmal hinterlegte die Kaiserin ein paar Zeilen im Schloss auf der Roseninsel im Starnberger See, das der König gern besuchte. Zufällig sollte es Ludwig finden und an sie denken. Dann und wann erinnerten sich die beiden an unbeschwerte Zeiten in ihrer Jugend, dann ließen sie sich von dem Mohren Rustimo auf den See hinausrudern und träumten vor sich hin. Einer genoss die Gegenwart des anderen – eine wahrhaft platonische Liebe.

Natürlich musste das oft mehr als wundersame Verhalten der Kaiserin so manchen Anlass zur Sorge gegeben haben, und da und dort tauchten Gerüchte auf – vor allem nach dem Tod Ludwigs im Starnberger See –, die von böswilligen Zeitgenossen ausgestreut worden waren, dass auch die Kaiserin auf dem besten Wege war, dem Irrsinn zu verfallen. Aber zwischen der Exzentrik Elisabeths und dem Wahnsinn Ludwigs liegt ein weites Land.

Elisabeth war es seit Jahren gewohnt, vor allem von den Wienern, denen sie so gar keine Sympathie entgegenbrachte, in jeder Hinsicht abgelehnt zu werden. Sie ahnte auch, wie hinter ihrem Rücken der Klatsch und Tratsch über sie blühte und machte eines Tages ihrem Vorleser Christomanos eine Bemerkung dazu:

Meiden Sie das Geschwätz der Welt. Nichts ist wichtiger meiner Meinung nach, als dem Klatsch aus dem Wege zu gehen. Alle sollten sich davor fürchten, denn es gibt nur sehr wenige Menschen, die, wenn sie Böses über einen anderen erzählt bekommen, genügend überlegen, ob es zutrifft oder nicht. Sie erzählen es weiter, ob sie dar-

*an glauben oder nicht. Es gehört zur menschlichen Natur,
Vergnügen an dem zu finden, was böse ist. Nicht selten
ist jemand traurig, wenn er hört, dass sein Nachbar ange-
schwärzt wird.* [62]

Am meisten litt wahrscheinlich außer Valerie Franz Joseph unter den seltsamen Vorstellungen und spontanen
Einfällen seiner Gemahlin. Nichts war in ihrer Umgebung
normal, nichts wie er sich ein Ehe- und Familienleben vor-
gestellt hatte. Angefangen von der religiösen Einstellung
Elisabeths bis hin zu ihrem Bedürfnis, allein zu sein. Der
streng katholische Franz Joseph konnte wahrscheinlich
die Angewohnheit seiner Gemahlin nie verstehen, dass
sie schon bald nicht mehr zum dreieinigen Gott der Ka-
tholiken betete, sondern bei jeder Gelegenheit den großen
»Jehova«, den Gott aus dem Alten Testament, anrief. Ihre
Hofdame Irma Sztáray berichtete aber, dass die Kaiserin
nicht nur in Algier eine katholische Kirche aufgesucht
hatte, um innigst zu beten, sondern auch an anderen Orten dieser Welt. Sicherlich steckte hinter ihrem eigentümlichen religiösen Verhalten, das für die bigotte Schwiegermutter geradezu frevelhaft gewesen sein musste, eine gewisse Protesthaltung, denn da sie jeglichen äußeren und
inneren Zwang hasste, musste sie sich auch gegen die
religiösen Zeremonien in der Habsburger Familie stellen,
die seit Maria Theresia die Zeiten überdauert hatten und
einen unglaublich hohen Stellenwert einnahmen.

Elisabeth war nicht geneigt, die religiösen Zeremonien
über sich ergehen zu lassen oder gar durch ihre Anwe-

senheit aufzuwerten. Am meisten lehnte sie sich gegen die alljährlich stattfindende Fußwaschung am Gründonnerstag auf, bei der der Kaiser je zwölf greisen Männern eigenhändig, wie es hieß, die Füße wusch. Aber auch die Kaiserin hatte an diesem Tag ihre Pflichten. Zwölf alte Frauen, die man natürlich sorgfältig ausgewählt hatte, warteten darauf, das auch ihnen von höchster Hand die Füße gewaschen wurden. Franz Joseph kam dieser traditionellen Verpflichtung nach, ohne sie zu hinterfragen, wobei dabei der Kaiser keineswegs direkt mit den Füßen der Greise in Berührung kam, dafür sorgten schon die zahlreichen Diener.

Seine hohe Gemahlin entzog sich des für sie ekelhaften Rituals, indem sie sich zu dieser Zeit meist auf Reisen befand. Für sie galten andere Gesetze, andere religiöse Vorstellungen, andere Götter. Dabei tauschte Sisi letztlich nur die Namen aus, denn auch sie glaubte an einen Schöpfer des Weltalls, wenn sie ihn auch als Jehova bezeichnete, dem sie alles Positive auf Erden, aber auch alles, was sie als negativ empfand, zuschrieb. In einem ihrer zahlreichen Gedichte kommt dies klar zum Ausdruck:

Gebet

Es steigt meine Seele zum Boote heraus
Und kniet auf den schwellenden Wogen,
Die haben wie dröhnendes Orgelgebraus
Sie unwiderstehlich gezogen.

Jehova! Der mächtig Du Meere erschufst
Und dieses Atom, meine Seele,
Von Bergen zu Meeren, bis du sie nicht rufst,
Irrt rastlos vom Fels sie zur Welle.

Jehova! Du schufst diese Erde zu schön!
Drum hat meine Seele kein Bleiben;
Sie dürstet noch schönere Welten zu sehn'n,
Die ferne im Äthermeer treiben.

Jehova! o lass meine Seele bald knien
Auf goldenen, lichten Planeten;
Wenn unten die Meere vorüber dann zieh'n,
Wird jauchzend sie auf zu Dir beten.[63]

Natürlich war es für die Umgebung der Kaiserin schwer,
ihre Marotten zu ertragen, und sogar die an einige Ab-
sonderlichkeiten ihrer Mutter gewöhnte Marie Valerie fiel
manchmal von einem Schrecken in den andern, denn
selbst die Tochter konnte niemals genau vorhersagen, was
ihrer Mutter im nächsten Moment einfallen würde. Als
sich die Kaiserin einmal in einem Anfall der Verzweiflung
auf den Erdboden warf und den großen »Jehova«, den
Gott der Gnade, den Gott der Rache, anrief, glaubte Valerie ernsthaft, dass die Mutter nun endgültig den Verstand
verloren hätte. Aber durch den Schrecken der Tochter zur
Besinnung gebracht, begannen beide Damen plötzlich zu
lachen, und der Bann war gebrochen.

Der Tod ihres einzigen Sohnes im Jänner 1889 warf die

ohnehin äußerst sensible Elisabeth völlig aus der Bahn. Sie, die sich kaum um den Sohn gekümmert hatte, unterdrückte ihre Schuldgefühle durch lebenslange Trauer. Je mehr sie sich spirituellen Gedanken hingab, umso deutlicher hatte sie das Gefühl, dass sie mit dem Sohn, dessen Seele sie irgendwo im Weltall vermutete, kommunizieren konnte. Da sie nach Rudolfs Tod erfahren hatte, dass sich der Sohn auch von Zeit zu Zeit mit dem Spiritismus beschäftigt hatte, glaubte sie in ihm ein Medium gefunden zu haben. Bei ihren Besuchen in der Kapuzinergruft vermeinte sie seine Stimme zu vernehmen, die ihr Befehle erteilte.

Nur ganz wenige Personen in ihrem engsten Umkreis waren dazu ausersehen, einen kurzen Blick in die Seele der Kaiserin zu werfen, bevor sie sich wieder in ihr Schneckenhaus zurückzog. Nur Valerie und ihre Nichte Marie Larisch weihte die Kaiserin in die Geheimnisse ihrer Welt ein, die in ihren Gedichten zum Ausdruck kamen. Hätte man zu ihren Lebzeiten gewusst, was sie ihrem Tagebuch in Versform anvertraute, vielleicht hätte man die Kaiserin mit anderen Augen gesehen. Es ist erstaunlich, dass es Sisi möglich gewesen war, in nur kurzer Zeit – vom Januar 1885 bis Ende des Jahres 1888 – eine so große Anzahl von Gedichten zu verfassen. Die Themen dürften ihr unter den Nägeln gebrannt haben. Wie immer man den literarischen Wert der kaiserlichen Lyrik bemessen mag, so geben die Verse doch einen interessanten Einblick sowohl in den Charakter als auch in die seelische Verfassung der Kaiserin. Weltschmerz steht an erster Stelle ihrer literari-

schen Ergüsse, gefolgt von zynischen Betrachtungen ihrer nächsten Umgebung, an der sie kein gutes Haar ließ. Weitere Themen sind Todessehnsucht und Trauer über den Verlust ihrer Liebe zu Franz Joseph, den sie anfänglich noch als Oberon darstellt, der zu Titania in Beziehung steht, den sie aber schließlich entweder als Karpfen oder als Esel auftreten lässt. Es gibt nur wenige Personen in ihrem Umkreis, die sie nicht verspottet oder verhöhnt. Natürlich wäre es für sie undenkbar gewesen, über ihr geliebtes Kind Valerie auch nur eine negative Zeile zu Papier zu bringen, während sie geradezu in boshafter Art und Weise nicht nur ihre ältere Tochter Gisela und deren Familie karikiert, sondern vor allem auch Rudolf und seine Frau Stephanie, das »belgische Trampeltier«, das für sie von allem Anfang an ein Dorn im Auge gewesen war.

Die Kaiserin gibt in ihren Gedichten ihre Seele preis, wenn sie schreibt:

Verlassen.
(Gödöllö 1886)
In meiner grossen Einsamkeit
Mach ich die kleinen Lieder;
Das Herz, voll Gram und Traurigkeit
Drückt mir den Geist darnieder.

Wie war ich einst so jung und reich
An Lebenslust und Hoffen;
Ich wähnte nichts an Kraft mir gleich,
Die Welt stand mir noch offen.

Ich hab geliebt, ich hab gelebt,
Ich hab die Welt durchzogen;
Doch nie erreicht, was ich erstrebt.
Ich hab und ward betrogen! [64]

Schon damals hatte Sigmund Freud erkannt, dass sich das Schreiben von Gedichten als ausgezeichnete Therapie bei seelischen Erkrankungen anbot. Bei der Kaiserin allerdings war eher das Gegenteil der Fall, denn sie steigerte sich in den Jahren, in denen sie ihre Gedichte verfasste, in tiefes Selbstmitleid hinein. Die eher kontemplative Tätigkeit des Dichtens wühlte ihre Gefühle auf und brachte ihr nicht die ersehnte Ruhe, da sie das zwanghafte Bedürfnis verspürte, mit ihrer Umgebung rigoros ins Gericht zu gehen. Daher sind ihre Gedichte beinahe eine Abrechnung lang vor ihrem Tod. Auch Franz Joseph bleibt in ihren Versen nicht verschont, obwohl ab und zu in ihnen immer noch ein Funken Liebe zu finden ist. So schrieb sie am 3. September 1887 in Ischl:

...

Wirst du endlich nicht erfrieren
An dem Eis, das mich umgibt?
Musst du ewig rastlos irren,
Weil dies Herz dich einst geliebt? [65]

Aber den Kaiser konnte weder die Kälte seiner Frau abschrecken, noch deren seltsame Launen, noch ihre übertriebenen Gefühlsausbrüche. Kaum ein anderer Mann

hätte all das hingenommen, was er im Lauf der Jahre mit Sisi durchgemacht hatte. Er suchte sie immer und in jeder Hinsicht zu verstehen, selbst als sie sich für die Abschaffung der Monarchie aussprach und – wie ihre Tochter Valerie in ihrem Tagebuch berichtete – dem Habsburgerreich schlechte Aussichten prophezeite. So orakelte sie, dass der erste Kaiser Rudolf geheißen hatte und der letzte auch diesen Namen tragen würde. Dann würde das Reich zusammenbrechen und aus den Ruinen würde ein neues Staatengebilde entstehen.

Fast hätte sie Recht behalten, nur musste zuerst noch ein Thronfolger in Sarajewo erschossen werden und ein blutiger Weltkrieg Millionen Tote fordern, bis sich die düsteren Vorhersagen Sisis erfüllten. Sie selbst war schon lange nicht mehr interessiert gewesen, Einfluss auf die Politik in der österreichisch-ungarischen Monarchie zu nehmen, schon zu bald hatte sie die Grenzen ihrer Möglichkeiten erkannt. Denn in eine Welt von gestern passte keine Frau von morgen!

Danksagung

Am Ende dieses Buches möchte ich nicht verabsäumen, all denjenigen meinen Dank auszusprechen, die mir wichtige fachliche Informationen geliefert und mir damit geholfen haben, viele Fragen im Zusammenhang mit der psychischen und physischen Verfassung der Kaiserin zu beantworten

Lange habe ich sowohl mit Primarius Dr. Anton Heiser, als auch mit Univ. Prof. Dr. Stuppäck darüber diskutiert, ob man nach heutigen Gesichtspunkten sagen kann, dass die österreichische Kaiserin magersüchtig war. Dabei waren für mich die Aussagen der beiden Experten von großer Bedeutung, da sie ein neues Bild auf die Körperbezogenheit Elisabeths werfen. Ich bedanke mich für die Hilfe der beiden prominenten Fachärzte für Interne Medizin und Psychiatrie.

Da ich ein umfangreiches und umfassendes Bild der Kaiserin entwerfen wollte, erstreckten sich meine Recherchen unter anderem auf ihre sportlichen Fähigkeiten, wobei ich in der glücklichen Lage war, die Hilfe des bekannten Sporthistorikers Univ. Prof. Dr. Hannes Strohmeyer in Anspruch nehmen zu können. Bereitwillig stellte er mir interessantes Material zur Verfügung und unterstützte mich mit seinen Hinweisen auf einschlägige Quellen, wofür ich mich herzlich bedanke.

Da ich selbst keine Reiterin bin, die Kaiserin aber Jahre

ihres Lebens dem Reitsport frönte, war ich sehr froh, dass mich meine Schwiegertochter, Mag. Ursula Größing, selbst eine begeisterte Reiterin, in fachlicher Hinsicht beriet, so dass ich in der Lage war, dem Leser einige vielleicht nicht so bekannte Details vermitteln zu können. Ihr gilt mein besonderer Dank.

Da mein Sohn, Dr. Nikolaus Größing, als Facharzt für Neurochirugie, aber auch als Sportarzt tätig ist und die vielfältigen Nebenerscheinungen des Übertrainings kennt, konnte er mir einige Beschwerden, die bei der Kaiserin als Folgen unvernünftigen Trainings auftraten, vom medizinischen Standpunkt aus erläutern. Dies war mir eine große Hilfe, die meinen besonderen Dank verdient.

Da meine Tochter, Mag. Gudrun Wilfert, eine besondere Vorliebe für die Thematik des Buches zeigte, gab es natürlich immer wieder informative Gespräche, durch die ich Anregungen bekam, wofür ich ihr und ihrem Mann, Mag. Michael Wilfert, der mich immer wieder aus höchster Not befreite, wenn mein Computer streikte, herzlich danke! Ihrer kleinen Tochter Sophie Elisabeth ist dieses Buch gewidmet.

Gleichzeitig möchte ich mich bei den Historikern Univ. Prof. Dr. Helmuth Größing, der mir bei der Quellensuche behilflich war, sowie bei Univ. Prof. Dr. Reinhard Heinisch und Mag. Katrin Unterreiner für die interessanten Gespräche bedanken, die mir in mancherlei Hinsicht Anstoß zu neuen Ideen gaben.

Da viele Dinge im Leben eines Menschen eine Rolle spielen, habe ich mich auch mit dem Horoskop von Kai-

serin Elisabeth beschäftigt, das liebenswürdigerweise von Elisabeth Aumiller angefertigt und interpretiert wurde, wofür ich mich ebenfalls herzlich bedanke.

Nicht zuletzt gilt aber mein besonderer Dank wie in jedem Buch meinem Mann Stefan, der mich jederzeit bestärkte, an dem Text weiterzuarbeiten, auch wenn ich das von mir gewünschte Material entweder nicht finden konnte oder aber durch die Ignoranz mancher kompetenter Leute behindert wurde. Er stand mir jederzeit mit Rat und Tat zur Seite und trug daher sehr viel zum Gelingen des Buches bei.

Anmerkungen

1 Briefe Kaiser Franz Josephs I. an seine Mutter. Hg. Von Franz Schnürer, München 1930, S. 221 f

2 Tesnohlidek Elfriede: Die Kaiserin und der Sport, o.O. o.J., S. 29

3 Sigmund Anna Maria: Die verschollenen Tagebücher Franz Josephs, Wien, Köln, Weimar 1999, S. 33 f

4 ds.: S. 22

5 ds: S.58

6 ds.: S.58

7 ds: S.191

8 ds.: S. 60

9 ds.: S.144

10 Dirnberger Franz: Das Wiener Hofzeremoniell bis in die Zeit Franz Josephs , in: Katalog des Niederösterreichischen Landesmuseums, Neue Folge Nr.147, Wien 1984 (2 Bde)

11 http:// www. Literature.at/elib/, www/wiki/index.php/

12 http://de.wikisource.org/wiki/Kaiserin

13 Hamann Brigitte (Hg): Kaiserin Elisabeth – Das poetische Tagebuch, Wien 1995

14 Weissensteiner Friedrich: Lieber Rudolf, Wien 1991

15 Nostitz-Rieneck Georg: Briefe Kaiser Franz Josephs an Kaiserin Elisabeth, Wien-München 1966

16 ebenda

17 ds.: Bd I, S. 149

18 Hamann Brigitte (Hg): Kaiserin Elisabeth- Das poetische Tagebuch, Wien 1995

19 Nostitz-Rieneck Georg: Briefe Kaiser Franz Josephs an Kaiserin Elisabeth, Wien-München 1966

20 Hamann Brigitte (Hg): Kaiserlin Elisabeth – Das poetische Tagebuch

21 ebenda

22 ebenda

24 ebenda

25 Nostitz-Rieneck Georg: Briefe Kaiser Franz Josephs an Kaiserin Eliabeth, Wien-München 1966

26 Sztáray Irma Gräfin: Aus den letzten Tagen der Kaiserin Elisabeth, Wien 2004, S. 41 ff

27 ebenda: S. 55 f

28 Haslip Joan: Sissi Kaiserin von Österreich, Köln 1994, S.324

29 ebenda

30 Wallersee-Larisch Marie: Kaiserin Elisabeth und ich, Leipzig 1935

31 ebenda

32 O`Brien Desmond: Die Entwicklung der Damensättel in: Ausstellungskatalog Schloss Hof, o.O. o.J.

33 Lenvay Monika: Elisabeth und die kaiserliche Reitkunst, Ausstellungskatalog Schloß Hof

34 Weissensteiner Friedrich: Lieber Rudolf, Briefe Kaiserin Elisabeth an ihren Sohn, Wien 1991, S. 155

35 ebenda: S. 15

36 Haslip Joan: Sissi Kaiserin von Österreich, Köln 1994, S. 324

37 ebenda

38 ebenda

39 ebenda

40 ebenda

41 Hamann Brigitte (Hg): Kaiserlin Elisabeth – Das poetische Tagebuch, Wien 1995

42 Hamann Brigitte (Hg): Meine liebe,gute Freundin, Die Briefe Kaiser Franz Josephs an Katharina Schratt, Wien 1992

43 Bundesdenkmalamt/ http:bda.at/text/136/908/7975/

44 ebenda

45 ebenda

46 Corti Conte Egon Caesar: Elisabeth – Die seltsame Frau, Graz 1934

47 Wallersee-Larisch Marie: Kaiserin Elisabeth und ich, Leipzig 1935

48 Hamann Brigitte (Hg): Kaierin Elisabeth – Das poetische Tagebuch, Wien 1995

49 Hamann Brigitte: Elisabeth – Kaiserin wider Willen, Berlin 1987

50 ebenda

51 Corti Conte Egon Caesar: Elisabeth – Die seltsame Frau, Graz 1934, Elisabeth an Herzogin Ludovika, Wien, 15. (?) Jänner 1869, S. 179

52 Ds: Fürstin Helene Taxis an Karoline Gräfin Wimpffen, geborene Gräfin Lamberg, 15. August (1862). Archiv Gyöngyösszentkereszt

53 Nostitz-Rieneck Georg: Briefe Kaiser Franz Josephs an Kaiserin Elisabeth, Wien–München, 1966

54 Corti Conte Egon Caesar: Elisabeth – Die seltsame Frau, Marie

Festetic an Ida Ferenczy, Messina, 4. Dezember 1892

55 Schad Martha und Horst: Marie Valerie – das Tagebuch der Lieblingstochter von Kaiserin Elisabeth von Österreich, München 1998

56 Nostitz-Rieneck Georg: Briefe Kaiser Franz Josephs an Kaiserin Elisabeth, Wien- München 1966, Bd.2

57 Schad Martha und Horst: Marie Valerie – das Tagebuch der Lieblingstochter von Kaiserin Elisabeth von Österreich, München 1998

58 Hamann Brigitte (Hg.): Kaiserin Elisabeth-Das poetische Tagebuch, Wien 1995

59 Corti Conte Egon Caesar: Carmen Sylva, Die Kaiserin Elisabeth in Sinaia. Feuilleton in der Neuen Freien Presse vom 25. Dezember 1906

60 ebenda

61 ebenda

62 Heyden-Rynsch Verena von (Hg.): Tagebuchblätter von Constantin Christomanos, München o.J.

63 Hamann Brigitte: Kaiserin Elisabeth – Das poetische Tagebuch, Wien 1995

64 ebenda

65 ebenda

Bildnachweis

Münchner Stadtmuseum, 9, 29
Imagno, 15, 167, 171, 177, 181
Wien Museum, 33, 153, 161
Magyar Nemzeti Múzeum, Budapest, 93
Bildarchiv und Portraitsammlung der Österreichischen Nationalbibliothek, 105, 113, 133, 147, 168, 239
Colorvision Hans Rudolf Uthoff, Hamburg, 203
Privatsammlung, 215

Ausgewählte Literatur:

Amtmann Karin: Elisabeth von Österreich. Die politischen Geschäfte der Kaiserin, Regensburg 1998
Andics Hellmut: Die Frauen der Habsburger, Wien-München-Zürich 1969

Bankl Hans: Woran sie wirklich starben, Wien-München-Bern, 1989

Bokelberg Werner: Sisis Schönheitsalbum, Dortmund 1980

Braschl-Bichler Gabriele: »Ich bin bloß Corvetten-Capitän...« Private Briefe Kaiser Maximilians und seiner Familie, Wien 2006

Bruckmüller Ernst, Strohmeyer Hannes: Turnen und Sport in der Geschichte Österreichs, Wien 1998

Christomanos Constantin: Elisabeth von Österreich, München 1983

Christomanos Constantin: Tagebuchblätter, Wien 1899

Corti Conte Egon Caesar: Elisabeth – Die seltsame Frau, Wien, Darmstadt, Berlin 1934

Denet-Sinsirt Marie Therese: L'ímpératrice Elisabeth en Normandie 1875

Dent-Sinsirt Marie Therese: Sisi à Sassetôt-le-Mauconduit, o.O. 1996

Dirnberger Franz: Das Wiener Hofzeremoniell bis in die Zeit Franz Josephs, in: Katalog des NÖ- Landesmuseums, Neue Folge Nr. 147, Wien 1984 (2 Bde.)

Flesch-Brunningen Hans: Die letzten Habsburger in Augenzeugenberichten, Düsseldorf 1967

Fuchs Eduard: Illustrierte Sittengeschichte in sechs Bänden, Bd. 6: Das bürgerliche Zeitalter, Frankfurt a.Main 1985

Görlitz Walter: Franz Joseph und Elisabeth – Die Tragik einer Fürstenehe, Stuttgart 1938

Größing Sigrid-Maria: Amor im Hause Habsburg, Wien 1990

Größing Sigrid-Maria: Kaiserin Elisabeth und ihre Männer, Wien 1998

Größing Sigrid-Maria: Sisi und ihre Familie, Wien 2006

Größing Sigrid-Maria: Starke Frauen – schwache Männer, Wien 1994

Hamann Brigitte (Hg): Kaiserin Elisabeth – Das poetische Tagebuch, Wien 1997

Hamann Brigitte (Hg): Kronprinz Rudolf »Majestät, ich warne Sie...«, München 1987

Hamann Brigitte (Hg): Meine liebe, gute Freundin – Die Briefe Kaiser Franz Josephs an Katharina Schratt, Wien 1992

Hamann Brigitte(Hg.): Die Habsburger – Ein biographisches Lexikon, Wien 1988

Haslip Joan: Die Freundin des Kaisers, Düsseldorf 1982

Haslip Joan: Elisabeth von Österreich, München 1964

Herre Franz: Kaiser Franz Joseph von Österreich, Köln 1978

Hofmann Christina: Das Spanische Hofzeremoniell von 1500–
1700, Frankfurt a.M., Bern, New York, 1985
Holler Gerd: Sophie – Die heimliche Kaiserin, Wien 1993
http:/science.orf.at/news/108417: Orthorexie: Krankhaftes
»gesundes Essen«
Joll James: Die Anarchisten, Frankfurt a.M. 1960
Katalog der Sonderausstellung des Historischen Museums der
Stadt Wien: Elisabeth von Österreich, Wien 1987
Ketöscy Graf M.: Habsburger Mesalliancen und Liebesaffären
im 19. Jahrhundert, Leipzig 1900
Kill Heike Susanne: Die Gedichte der Kaiserin Elisabeth von
Österreich in der Tradition Heinrich Heines, Kassel 1995
Knobloch Hans: Deine Schrift – dein Charakter, Stuttgart 1953
Kugler Georg: Franz Joseph und Elisabeth, Florenz 1994
Lenvay Monika: Elisabeth und die kaiserliche Reitkunst, Aus-
stellungskatalog Schloßhof im Marchfeld, 1998
Mathray Maria, Krüger Answald: Das Attentat. Der Tod der Kai-
serin Elisabeth in Genf, Frankfurt a.M., Berlin 1991
Maurer Lutz: Mein Zauberberg, Kaiserin Elisabeths Bergwande-
rungen zwischen Ischl und Bad Aussee, Grundlerschriften Bd 2,
1998
Müller Peter und Kabelka Viktor: »Schwalbe, leih mir deine
Flügel«, o.O., o.J.
Nostitz-Rieneck Georg (Hg): Briefe Kaiser Franz Josephs an
Kaiserin Elisabeth, 2 Bde., Wien, München1966
Praschl-Bichler Gabriele, J. Cachee: »…von dem müden Haupte
nehm' ich die Krone herab« – Kaiserin Elisabeth privat, Wien
1995
Praschl-Bichler Gabriele: Kaiserin Elisabeth – Mythos und
Wahrheit, Wien 1996
Praschl-Bichler Gabriele: Kaiserin Elisabeths Fitneß- und Diät-
Programm, Wien, München 2002
Redlich Joseph: Kaiser Franz Joseph von Österreich, Berlin 1928
Reger Karl Heinz: Bayerns verkaufte Prinzessinnen, Pfaffenho-
fen 1988
Saathen Friedrich (Hg): Anna Nahowski und Kaiser Franz
Joseph, Wien, Köln, Graz 1986
Schad Martha und Horst: Marie Valerie – Das Tagebuch der
Lieblingstochter von Kaiserin Elisabeth von Österreich, Mün-
chen 1998
Schad Martha: Kaiserin Elisabeth und ihre Töchter, München
1997
Schaeffer E.: Habsburger schreiben Briefe, Leipzig 1935

Schnürer Franz (Hg.): Briefe Kaiser Franz Josephs an seine Mutter, München 1930

Sigmund Anna Maria: Die verschollenen Tagebücher Franz Josephs, Wien, Köln, Weimar 1999

Simanyi Tibor: Julius Graf Andrássy, Wien 1990

Sokop Brigitte: Jene Gräfin Larisch, Wien, Köln, Graz 1985

Stadtlaender Chris: Sisi- –Die geheimen Schönheitsrezepte der Kaiserin und des Hofes, München 1996

Stern-Braunberg Anni: Sissi, das Ungarnmädel. Tatsachen, Irrtümer, Vermutungen, Wien 1998

Tesnolidek Elfriede: Die Kaiserin und der Sport, o.O., o.J.

Unterreiner Katrin: Sisi – Mythos und Wahrheit, Wien 2005

Vehse Karl Eduard: Habsburger Herrscher privat, Köln 2006

Vocelka Karl, Heller Lynne: Die private Welt der Habsburger, Graz, Wien, Köln 1998

Vogel Juliane: Elisabeth von Österreich – Momente aus dem Leben einer Kunstfigur, Wien 1992

von der Heyden-Rynsch Verena (Hg): Constantin Christomanos »Elisabeth von Österreich«, München 1983

Wallersee Freiin von Marie: Kaiserin Elisabeth und ich, Leipzig o.J.

Wallersee Freiin von Marie: Meine Vergangenheit, Berlin 1914

Weissensteiner Friedrich: Frauen um Kronprinz Rudolf, Wien 1991

Welcome John: Die Kaiserin hinter der Meute – Elisabeth von Österreich und Bay Middleton, Wien 1975

Zavadil Sophie: Sisi auf Reisen, o.O., o.J.

Zöllner Erich: Geschichte Österreichs, Wien 1961

Kirsten Liese zeigt in ihrer Bildmonografie ein außergewöhnliches Frauenleben: Die charismatische Persönlichkeit Elisabeth Schwarzkopfs wird – mit Fotos von Lilian Fayer – kenntnisreich skizziert..

Kirsten Liese
Elisabeth Schwarzkopf
Vom Blumenmädchen zur Marschallin
Mit Fotos von Lillian Fayer

Elisabeth Schwarzkopf war eine betörend schöne Frau. Neben den gesanglichen Zeugnissen auf Hunderten von Plattenaufnahmen lassen die Fotografien der langjährigen Weggefährtin und Starfotografin Lilian Fayer ihre besondere Aura und ihr Charisma spürbar werden, aber auch die darstellerischen Energien, die ihre Auftritte auf allen Bühnen und Konzertpodien zu einem Ereignis für Augen und Ohren machten. Zugleich erlauben bislang unveröffentlichte Privatfotos und Schnappschüsse einen liebenswerten Blick hinter die Bühne. Dieses Buch verewigt nicht nur eine außergewöhnliche Persönlichkeit, sondern fügt sich als zeitgeschichtliche Dokumentation ein in das wachsende Interesse an der Kultur der 50er und 60er Jahre, die Elisabeth Schwarzkopf als Sängerin in besonderer Weise prägte.

168 Seiten, gebunden,
SU, 21,5 x 27,5 cm
EUR 24,90 I SFr 43,70
ISBN 3-85485-218-6

Neben dem Karneval in Rio ist der Wiener Opernball die wohl bekannteste Faschingsveranstaltung weltweit. Oft kopiert, nie erreicht, wurde der Ball nun schon zum gefragten Exportartikel.

Johannes Kunz
Der Wiener Opernball
Mit Beiträgen von Elisabeth
Gürtler und Ioan Holender

Der Wiener Opernball ist das repräsentativste Fest der Republik Österreich. Der prachtvolle Bildband dokumentiert Geschichte und Gegenwart dieser in der Welt einzigartigen Ballveranstaltung, die seit Beginn der Ära Elisabeth Gürtler/Ioan Holender wieder an die große Tradition eines »Festes der Künstler« anknüpft. Die Wiener Walzerseligkeit, ausgelöst durch die Strauß-Dynastie und Joseph Lanner, ist ebenso ein zentrales Thema wie die Frage, ob diese Veranstaltung noch zeitgemäß ist. Das Engagement des Jungdamen- und Herrenkomitees zeigt allerdings, dass die Pfl ege der Tradition immer noch aktuell ist.

152 Seiten, gebunden,
SU, 20,5 x 25 cm
EUR 14,90 I SFr 27,30
ISBN 3-85485-186-3

molden
www.molden.at

Wer die Wiener Staatsoper besucht, meint, in einen Jahrhundert-
wendeprachtbau einzutreten. Das wahre Gesicht rekonstruiert
Maria Kramer im vorliegenden Band

Maria Kramer
Die Wiener Staatsoper
Zerstörung und Wiederaufbau

Mit der feierlichen Eröffnung am 5. November 1955, die auch von der Presse
enthusiastisch als »Weltereignis « und
»Österreichisches Wunder« gefeiert wurde, war die Oper »wiedererstanden «.
Für den heutigen Opernbesucher ist es
kaum vorstellbar, wie schwer das Haus
zerstört gewesen ist und es ist ihm kaum
bewusst, wie sehr – trotz Beibehaltung
der Form des alten Logentheaters – letztlich bauliche und formale Veränderungen
das Gebäude prägen. Erich Boltenstern
ist mit dem Wiederaufbau der Staatsoper
zweifelsohne eine Gratwanderung in der
Vermittlung zwischen dem (in den fünfzi-
ger Jahren noch oft geschmähten) Histo-
rismus und der Moderne gelungen.

112 Seiten, gebunden,
SU, 21 x 27 cm
EUR 19,80 I SFr 35,20
ISBN 3-85485-141-3

www.molden.at